亞述空中花園奇遇記

文◎王文華　圖◎貓魚
審訂／中興大學歷史系教授　周樑楷

楔子——你可能不知道的可能小學

可能小學的名氣大，位在捷運動物園站的下一站。

不相信？下回搭捷運，仔細觀察，你可能會在動物園站看到一群孩子，他們帶著興奮的表情——不是去動物園，而是期待捷運趕快出發，他們急著去上學呢。

急著去上學——怎麼可能有這種事？

嗯，在可能小學裡，沒有不可能的事。

最主要的原因是，可能小學的課程，充滿無限的可能啊。

春天，小朋友在校園種下一棵樟樹，它從幼苗，長大，開花，結果，在一個禮拜之內，全部完成。

只用一個禮拜的時間，看這棵小樟樹變成大樹，看它開花結果，引來滿樹禽鳥爭鳴。

這種課，你想不想參加？

夏天常有午後雷陣雨，可能小學在這時候安排雷電實驗。學校後面是動物園，小朋友們邀請獅子們參與這個實驗，每一隻獅子都被雷電燙出各式各樣的髮型。這種結合自然與科學，設計與工藝的課程，你想不想來試試？

秋天的日子，適合爬山。可能小學帶大家爬玉山，在山上看星星，練樂隊，把天籟之聲傳給星星聽。雖然辛苦，卻是一輩子的回憶。

冬天氣溫低，校長把博物館搬進學校裡；可能博物館展示了羊公鼎、牛公鼎和馬公鼎；古人說三足鼎立，這三鼎就代表那個時期——把一整間博物館搬來眼前學習，神不神奇？

除了搭捷運之外，其實還有一條祕密通道能到可能小學。

入口在一零一大樓地下第十六層，那裡有扇藍色小門。

千萬別開錯門——上回有個小朋友開錯門，等他走出去，赫然發現來到巴黎鐵塔最頂端。要不是法國消防隊出動最高的雲梯車，他現在還住在上頭呢。

切記，打開藍色小門，而且要用力一點——這道門太久沒人使用，有點生鏽，打開時會有點卡卡的。

推開門，經過一條又長又潮溼的地下水道，走到底，向上爬，推開一個不鏽鋼的藍色人孔蓋，你就到了可能小學的體育器材室。

當然，你也有可能鑽進可能小學的寵物區，和一群袋鼠比拳擊；或是爬進可能小學的廚房儲藏室，跟數不清的棒棒糖為伍。

門會通到哪裡，全看「人」孔蓋的心情而定。

曾經有位觀光客，誤闖一零一大樓地下十六層，誤推藍色小門，還打開藍色人孔蓋，結果——

一個頭髮像鍋蓋的男孩，把他從下水道裡拖出來：「學校重地，禁止進入。」

這個身材矮小的男孩，真實身分是可能小學新來的社會老師。

這麼有趣的課程，這麼有趣的祕密通道，外加這麼奇怪的老師……

難怪，可能小學的孩子們，每一天都會帶著興奮的心情，好奇的眼睛，滿滿的期待——

跳下捷運站，衝進解謎的校門。

三月，東風和煦，可能小學的春日課，歡迎你加入。

目錄

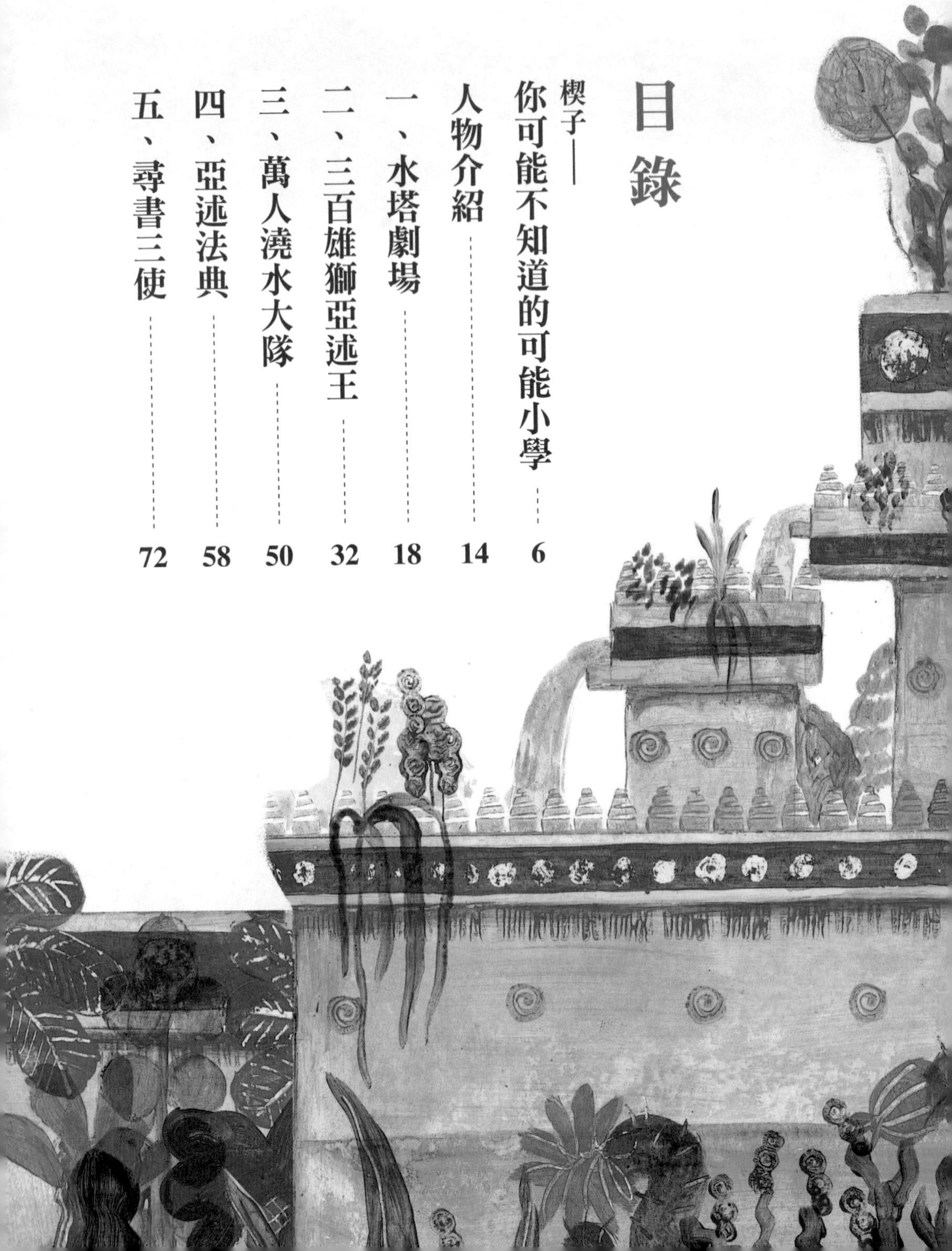

人物介紹

鍋蓋老師

可能小學新來的社會科老師，身材矮小，頂著一頭燙壞的短捲髮，活像一碗泡麵倒在鍋蓋頭上。他原來是廚師，從食材裡發現了貫通古今中外的大道理，所以決定轉行當老師。最愛用廚師的諺語來勉勵小朋友。

劉星雨

身材高䠷，皮膚黝黑，五官深邃，是可能小學百米賽跑紀錄保持人，也是游泳比賽一百公尺蝶式的冠軍，全身充滿運動細胞。同學覺得他跑得快，跳得高，簡直就像一陣流星雨，但是他覺得這不算什麼：「有一天我還要挑戰奧林匹克運動會呢。」

花至蘭

皮膚白皙，喜歡沉思與觀察。父母都是大學的生物系教授，她從小跟著父母上山下海做田野調查；國家公園是她的好朋友，百科全書是她小時候的讀物。她立志長大後一定要讀到雙博士，拿到諾貝爾獎是她最大的志願。

戰爭之王

身材高大，肌肉結實，像個摔角選手。遠看他像戴了一頂鋼盔，細看才知道那是鬍子連到了頭髮。戰爭之王最愛打仗，因為不管進攻還是防守，他都有生意做；他的攤子在尼尼微城市集正中間，歡迎大家找他做買賣。

珊布館長

他負責看管一間王國內最大的圖書館，館藏至少有三萬塊泥板。這間圖書館的書，不能看不能借不能摸，除非你是亞述王。但是，公事繁忙的亞述王有空進來讀書嗎？他又為什麼對收藏圖書這麼有興趣？

佳弟

身世如謎的小男孩，他是第七學堂的學生，這天沒上課，因為在放「好日子假」。他在亞述王國裡四處遊走，遇到的人都對他畢恭畢敬。看起來連雄獅都不怕的佳弟卻只怕鞭子老師，一聽到鞭子老師的名字，他就嚇得臉色蒼白。

1 水塔劇場

水塔劇場是可能小學最受歡迎的地方。

可能小學劇場位在可能小學後校園的山坡上。這棟建築呈圓柱形，又在高高的坡上，遠看就像個大水塔，於是，劇場的名字就成了水塔劇場。

水塔劇場全年都有戲劇表演，話劇、相聲、歌劇或偶戲，通通都

有，而且全部免費。

戲劇表演，增加上學樂趣，可能小學的孩子，一週總有幾天不是去看戲，不然就是上臺去演戲。

今天就有一場戲：鍋蓋老師的故事劇場。這個表演訊息早早就公布了，劇場也早早就客滿。

滿滿的來賓，坐滿劇場的每一個角落。

進來的人都拿到一張演出單，單子上有五個圖案。

「一頭獅子，一個花圃，寫滿字的板子、一個盾牌和一個老鷹頭的圖案？」

五年級的劉星雨，看著單子打了一個長長的哈欠；前一晚他熬夜做了一個埃及金字塔的模型。他曾經回到古埃及冒險，說出來卻沒人相信；所以他特地做了一個能看到金字塔內部結構的模型。因為做得太投入，整晚都沒睡。

「老師，這單子……」

鍋蓋老師上下打量他：「劉星雨，你怎麼還在這裡？」

「不然我要在哪裡？」

「你忘了嗎？你今天要演戲！」

「唉呀，我真的忘了。」

還好，他叫劉星雨，動作就像流星雨，用追星星趕月亮的速度，衝進後臺，化妝換服裝搶道具，準備上場當士兵……

劇場的燈亮了，祭司上臺了。

幾個孩子低聲的笑，大家都認出來——是鍋蓋老師嘛。

「這裡，是肥沃的月灣，它的地形就像個彎彎的月亮。」

鍋蓋老師右手一指，右邊出現一條藍色的河流；左手一指，左邊也出現一條藍色的大河。

「在兩條大河的灌溉下，肥沃月灣物產豐饒，是生產牛奶與蜂蜜的寶地。」

為了演這齣戲，鍋蓋老師已經幫五年級的孩子上過這段歷史：「肥沃月灣」在今天的西亞，是底格里斯河和幼發拉底河沖積而成的新月狀區域。這裡土地肥沃，歷史悠久，是很多古老文明的發源地，例如蘇美文化，和巴比倫文化。

鍋蓋老師說完開場白，走到幕後，燈光漸漸暗了。

舞臺後方傳來一陣水鳥的叫聲，棕色皮膚的人們扶老攜幼登場了。臺上的人物都是學生扮演，男生穿著一件短裙，裙邊加了很多的流蘇；女生的裙子較長，但身上多披了一塊長布，長布的邊緣一樣加了很多流蘇。

他們有的人趕羊，有的人彎腰種小麥。

「最早最早，肥沃月灣住著蘇美人，他們在泥板上寫字，文明就從那時有了新的開始。」鍋蓋老師的聲音，莊嚴低沉，傳送到每個人耳裡。

太陽升起了——舞臺上打出來的光，就像真正的陽光，金黃而明亮。

和風吹過麥田，麥子搖曳，溫暖的風也吹拂過觀眾的臉龐。

「好香呀。」幾個觀眾說。

「是麥子的香氣。」有人喊著。

這是水塔劇場最新技術——五D投影的立體效果。

眼尖的孩子發現，牧羊人是教務主任扮的；一個孩子看到訓導主任在刻泥板。

激昂的音樂突然響起，一群士兵氣勢洶洶的登場。

領兵的是個老將軍，他的刀向前一指：「這麼好的地方，該我們的族人獨享。」

臺下的孩子哈哈笑：「校長！」

「校長的頭盔太小了。」

其實不是頭盔太小，而是校長的頭太大（頭盔原來設計給孩子戴的），既然戴不下，校長把頭盔脫下來，指著最早來的蘇美人：「趕走他們，我們要在這裡建立自己的家園。」

震人的鼓聲隆隆響起，鼓聲裡夾雜馬匹嘶鳴。

不可能有馬！

但是，在可能小學裡，沒有不可能的事。

十幾匹馬在孩子們的歡呼聲中，踩著整齊的步伐，「得兒得兒」的上臺了，馬的四周是舉著大刀的士兵。

校長被兩個士兵抬上馬（校長年紀大了，怎麼可能爬得上去呢？），他把頭盔往臺下一扔，帥氣的說：「兄弟們，為了我們的家人，進攻！」

他說的是道地的外國話，但看表演的每個孩子都聽得懂，因為大家進劇場前都戴了即時雙向翻譯耳機。

即時雙向翻譯耳機是可能小學的新發明，只要戴上它，不管哪一國語言都能即時翻譯成中文。

戰場上，士兵吹起號角，戰馬衝刺，刀槍出鞘。

「救命呀。」

蘇美人在舞臺上四處奔逃，他們的家被人放火燒了，農田被戰馬踐踏了。臺下膽小的孩子遮著雙眼頻頻問道：「打完了沒，打完了沒？」

戰爭結束了，蘇美人走了，校長指派得力的手下，把他的豐功偉業刻在泥板上。

小鳥兒歌唱，陽光重新普照……

不，舞臺燈光又變紅了。

遠方又傳來了號角聲，另一個部落的人又衝上舞臺，他們手裡有大刀，跨下有駿馬、駱駝；不可一世的將軍們，把彎刀指向舞臺中央：

「這塊肥沃月灣，給我拿下來。」

頓時，號角吹響，戰馬登場，滿天箭雨，殺聲震天。

此時，鍋蓋老師的聲音，透過耳機傳到每個小朋友的耳中：

肥沃月灣，是每個國王都想占領的地方，蘇美人走了，巴比倫人來了；巴比倫人被趕跑了，亞述人又來了。

建好的城市一次又一次的被推倒；蓋好的家園一次又一次的被燒毀……

劉星雨醒來時，燈光昏昏暗暗，身邊安安靜靜。

「奇怪，這是哪裡呢？」

他爬起來，看看自己，身上穿著盔甲，懷裡抱著木刀。

「對厚，我要上臺演戲，竟然等到睡著了。」

他想起自己的責任，卻想不起自己演什麼角色。

好像是演巴比倫人，也像是亞述人，說不定是摩蘇爾人……

沒時間想那麼多，他扛著木刀，快步走上舞臺。

舞臺上乾冰瀰漫，燈光朦朧，臺上全是怪獸——難道不演歷史劇，改演神怪劇？

煙霧漸漸散去，景象逐漸清晰。

那些怪獸其實是被人修剪的樹籬，有巨龍和獨角獸。

樹籬下種了花，巨大的向日葵，嬌小的玫瑰花；泉水自噴泉湧出，水聲嘩啦啦；空氣裡還有水霧，十分沁涼。

劉星雨東敲敲西敲敲，確認這些是真的樹和真的花。

他驚奇的想：「哇，竟然能在舞臺上種樹種花，這怎麼做出來的呀？」

「劉星雨，別亂敲。」有個聲音制止他，那是他的同學花至蘭，她從水霧裡走出來。

劉星雨指著花至蘭的衣服：「哈哈哈，古代的花枝丸。」

「什麼古代的花枝丸。劉星雨，其他人呢？」

劉星雨搖搖頭：「演出好像結束了。你怎麼還在這裡？」

「我把道具搬下去，回來就只看到你。」

「演出應該結束了，我們去換衣服，我可不想一直待在這裡。」劉星雨像在宣布一個大消息般，得意的說：「我的金字塔快完成了，你可以第一個操縱它——它會自動開啟哦。」

舞臺的後臺和前臺，中間只隔了一層布幕。

奇怪的是，他們拉開布幕，後頭是一長排的樹籬怪獸。

怪獸兩兩相對，形成一條長長的通道。

神氣的劍齒虎，威武的飛天獅，還有獨角獸和人馬，栩栩如生，活靈活現。

「走吧。」劉星雨搶快，他一腳踩進那條通道，咦——一股微弱的電流從腳尖傳到了髮梢。

那感覺既奇妙又熟悉，好像曾經在哪裡——

「埃及及及及——」花至蘭跟上來，她想起上次和劉星雨一起回到埃及時，就有過這種感覺。觸電的感覺愈來愈強烈。

超時空翻譯機

兩河流域的肥沃月灣

如果你是古代西亞人，肥沃月灣附近是最好的居住地選擇。

肥沃月灣又被稱作美索不達米亞平原，是由底格里斯河和幼發拉底河兩大河流沖積而成。這裡有河水可灌溉，於是成為西亞最富庶的農業區。目前考古學家找到最早人類居住的遺址，可以推算到十萬年前呢。

肥沃月灣附近也是古文明的發源地：基督教發源於巴勒斯坦；伊斯蘭教創始於阿拉伯半島，兩者皆為世界上的主要宗教。

蘇美人是肥沃月灣最早的居民，他們在西元前四千年以前就來到這裡，兩河流域的最初文明就是他們建立的。後來的阿卡德人、巴比倫人、亞述人以及迦勒底人，繼承了蘇美人的成就，使兩河文明成為人類文明史上重要的一頁。

然而，這裡自古以來就是兵家必爭之地，一代君王興起，一代君王沒落，即使到了今天，這裡依然是烽火漫天的地方；以色列、敘利亞、伊拉克等國家，為了宗教、種族、利益，不斷的掀起戰火，甚至破壞了某些古文明遺跡，令人感到非常遺憾。

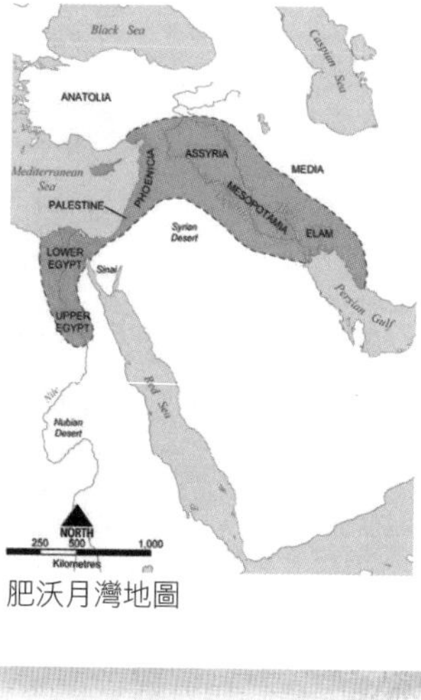

肥沃月灣地圖

蘇美人雕像

2 三百雄獅亞述王

一走出隧道，劉星雨和花至蘭就知道自己進入另一個時空了。

那種細微的變化，很難用言語形容：這裡的空氣溫暖乾燥，和水塔劇場明顯不同；不同的還有味道，這兒的味道聞起來，有一股鮮甜。

他們回頭，來時的樹籬通道消失了——一座獅子雕像擋住來時路。

「這裡是哪裡啊？」劉星雨很不安，「我們又穿越時空了嗎？」

花至蘭搖搖頭，她也不知道。她環顧四周，發現這是個綠意盎然的花園，一道小河流經花園，水流在布滿苔蘚的岩石之間濺起水花，潺潺作響。這裡處處是奇花異草，劉星雨大多不認識：「花枝丸，你是自然觀察家，長大想讀兩個博士學位的人，請問這些是什麼花？」

花至蘭蹲下來，摸摸葉子，聞聞花香：

「這裡的植物矮，葉片厚，降雨量應該很少。」

「既然雨不多，哪來這麼多種植物？」劉星雨問。

「別急，我再仔細看一下……」花至蘭彎腰靠近面前的植物，想更近距離的觀察。

摸摸樹，撥開幾朵花，花……花後有隻眼睛正望著她。

「那是……」她抬頭，眼睛的主人也跟著站起來：高大，雄壯，還有一圈鬃毛——那是一隻貨真價實的雄獅。

「叮」，她的耳機傳來一個清脆的聲音。

獅子沒動，她謹慎的退後一步。

花至蘭常跟爸爸去做野外調查，她也常和野生動物相處，知道遇見凶猛的動物不能慌亂，只要不激怒牠，只要慢慢的退……

她正想悄悄的轉身時，一個聲音，打破這恐怖的平衡。

「我的媽呀——大、大、大、大獅子——」

劉星雨的鬼吼鬼叫，嚇得獅子遲疑了一下，但獅子畢竟是獅子，牠立即發出一陣震耳欲聾的吼聲。

這聲音震懾人心，花至蘭摀住耳朵，獅吼讓她心跳加速，現在，該怎麼辦呀？

她還在發呆，手被人一拖——是劉星雨。

「花枝丸，你不跑，是想當獅子的點心嗎？」

劉星雨的速度快，但獅子更快，牠惡狠狠的朝他們撲了過來……

那一瞬間，無數的往事在劉星雨腦海裡出現：

這回月考，他的數學考卷還沒給媽媽簽名。

每天上學之前，爸爸都會陪他到可能小學操場慢跑。

住在宜蘭的奶奶很會做蜜餞，奶奶要他常回去，他卻很少回去。

他愈想愈傷心，要是被獅子吃了，這些事情他都不能做了。

砰！一聲巨響嚇得他差點跳起來，他回

頭一瞧，咦，獅子居然倒在地上，爬不起來。再仔細一瞧：

原來，他們中間隔了一片綠色的欄杆。

那是個超大的綠色籠子，沒細看會把欄杆誤認成樹枝；這些欄杆罩住一小片樹林，籠子裡有隻獅子在水池邊喝水，另一邊有隻獅子在睡覺。

劉星雨覺得很懊惱：「唉呀，我的照相機。」

「帶照相機做什麼？」

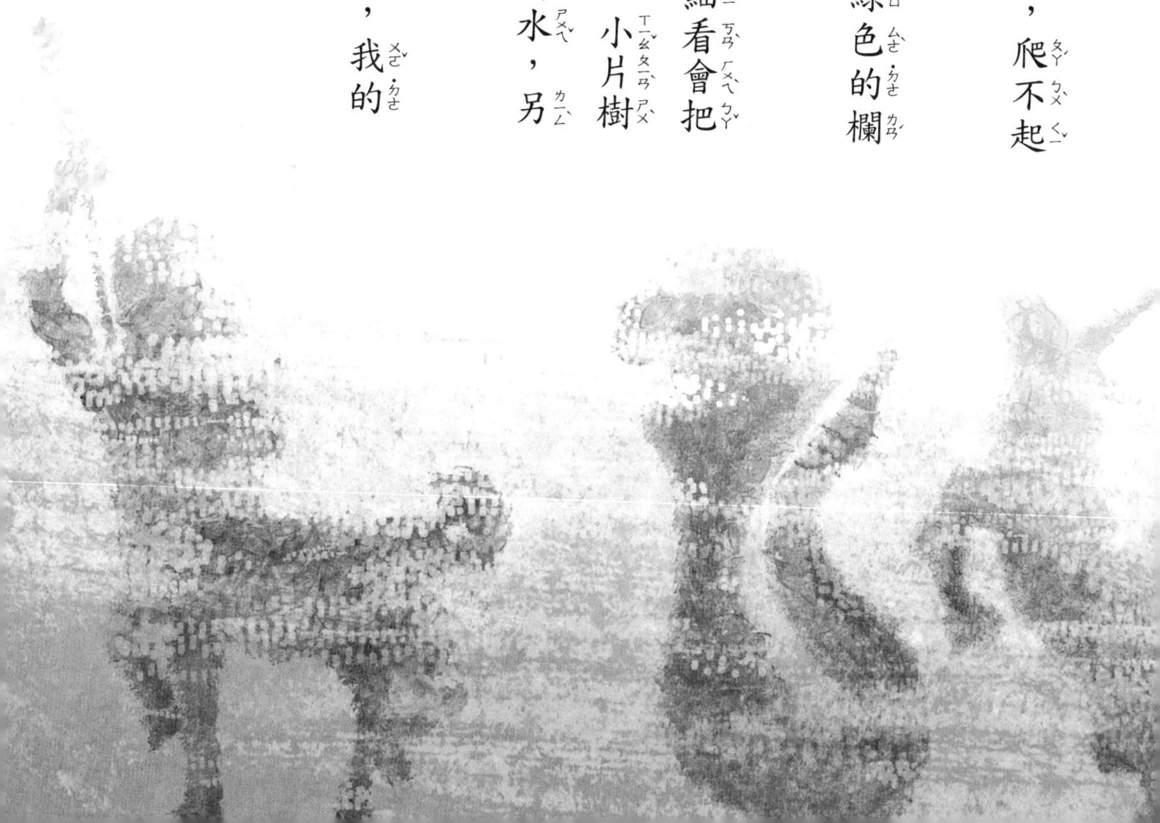

「古代有武松打虎，現代有劉星雨打獅。」劉星雨笑著說：「剛才我耳機有一個聲音……」

「你也聽到了。」花至蘭把鍋蓋老師發的節目單拿出來，獅子的圖案上，已經有了一個紅圈。

上回去埃及，他們也有這樣一張單子，要找齊上頭的圖案，才能回到可能小學。那現在——

「還有四個圖案，下一個是種滿花草的花圃。」

花至蘭還沒找到花圃，籠裡的獅子卻突然騷動，連趴著睡覺的獅子都爬起來，朝著欄杆右邊低聲的吼

著。

欄杆右邊有一陣腳步聲，那是一群士兵；他們用刀敲著手中的長形盾牌，發出整齊的「嘟嘟嘟」聲，聲音讓獅群不安。一頭獅子忍不住朝他們發動攻勢，但牠忘了自己在籠子裡，砰的一聲，撞到欄杆，跌了下來。

「那些士兵想做什麼？」花至蘭問。

「今天亞述王要獵獅子。」一個聲音喜洋洋的說。

那是一個小男孩，他從樹叢後

探出頭
來：「你們很幸

運，能親眼見到亞述王獵第三百頭獅子。」

「三百頭獅子？」花至蘭不相信，「怎麼可能呢？」

「這是真的，」這個男孩年紀和他們差不多，一雙大眼骨碌碌的轉：「亞述王是天神降生，他已經征服了兩百九十九頭獅子，今天……」

小男孩還沒說完話，持長槍的士兵，簇擁著一個戴王冠的男人出來了。士兵們響起一陣歡呼，連小男孩都跟著雀躍不已。

「看到沒有，他就是亞述王。」男孩輕聲喊著。

亞述王蓄著大鬍子，身上披著長袍，長袍的刺繡很亮，在陽光下

金光閃耀；只是他太胖，馱他的馬好像很吃力，每一步都搖搖晃晃。好不容易，馬兒艱難的把他馱到了獅籠前。

兩個士兵把獅籠的門打開，四周的士兵跟著舉刀拍打盾牌，出聲刺激獅群。

一頭雄獅被激怒了，牠吼了一聲，從籠子竄出來，卻立刻被士兵的盾牌陣困住，左衝右突出不去。亞述王這才不慌不忙的接過士兵遞去的長

槍，用力把槍刺進雄獅的身體。

「三百，三百，三百雄獅亞述王！」士兵們的歡呼聲響徹雲霄。

亞述王傲慢的把槍一拋，接受眾人的慶賀。

「亞述王！亞述王！」

連一旁的小男孩都跟著手舞足蹈，就在眾人的狂歡聲中，那頭倒地

的獅子突然跳起來，張開巨嘴，撲向亞述王。

「啊——」小男孩忍不住大叫。

「啊！」亞述王被突如其來的獅子，嚇得愣住了。

眼看那獅子就要碰到亞述王，幸好，幾個士兵的反

應快，他們用身體擋在亞述王前面；其他士兵用長槍刺進獅子的身體。

雖然隔了一段距離，獅子落地時，花至蘭彷彿能聽見那重重的，沉沉的聲音。

她的心也跟著重重的，沉沉的。

亞述王就在大家的歡呼聲中，被簇擁著離開；那匹可憐的馬只能繼續馱著他，走了回去。

「亞述王，亞述王，三百雄獅亞述王。」士兵都走遠了，小男孩還在原地開心的蹦蹦跳跳。

「作弊。」花至蘭很生氣。

「這麼多人困住獅子，明明就是作弊——這不算打獵，更不是英雄的行為。」劉星雨也很不滿。

男孩停下來，困惑的說：「可是，亞述王是天神的兒子，他打敗很多很多頭雄獅，是亞述有史以來最偉大、神聖的君王。」

「我不相信。」花至蘭有一連串的問題：「還有，你叫什麼名字，這裡又是什麼地方？」

「我叫佳弟，這裡是亞述王的空中花園——啊——」男孩吐吐舌頭，「我不能跟奴隸講太多話。」

「奴隸？我們不是奴隸，」劉星雨否認：「我們是可能小學的學生，我是劉星雨，她是花至蘭，綽號是『好吃的花枝丸』。」

「劉星雨！」花至蘭瞪了他一眼。

佳弟很好奇：「你們也是學校之子？今天也放好日子假嗎？」

「什麼『好日子假』？」劉星雨和花至蘭不懂。

「天氣這麼好，為什麼要在學校讀泥板——當然要放假啊，」佳弟說到這兒，又「啊」了一聲，「唉呀，王后來了！」

超時空翻譯機

亞述國王與獅子

如果你是個亞述國王，你最好要有心理準備，你得去獵獅。因為，在古代亞述國，獵獅被認為是帝王的運動，是帝王保護其子民的責任象徵。

亞述王國的國王住在尼尼微城，他們傲視天下，自命不凡；為了顯現自己的偉大，他們修建了精美雄偉的宮殿，宮殿外還有兩列背上長著翅膀的公牛雕像與獅子雕像。

亞述國王愛打仗，但是如果沒仗好打怎麼辦呢？他們就轉而去打獵。在亞述文明留下來的浮雕裡，常見到國王騎在馬上，或坐在戰車上獵獅子的畫面。

亞述王獵獅浮雕

最有名的是提格拉帕拉薩一世，他是一位偉大的獵人，曾經徒步獵到一百二十頭獅子，乘車獵到八百頭獅子，甚至還有十頭大象，六頭野牛。於是有人說，古代美索不達米亞的大象和獅子滅絕，也許跟這些國王們肆無忌憚的狩獵活動有關。

打仗對提格拉帕拉薩一世來說是家常便飯，他東征西討了四十幾個國家，每次打完就大修神廟，並用其他國家進貢的禮品來獻給神。

不過，等到巴比倫復興了，巴比倫展開復仇，攻破提格拉帕拉薩一世的城池，燒毀他蓋的神廟，甚至把他供奉的神都俘虜了。

而這樣的歷史，在亞述王國裡，一直不斷重複。

3 萬人澆水大隊

王后很好認，她的身後有一大群宮女，有的為她撐傘，有的幫她端水壺，還有人在前面灑花瓣。只是王后神色憂鬱，像是很不開心。

「佳弟，你又沒去上學了？」王后定定的看著佳弟。花至蘭發現，她的眼珠是少見的綠色，看起來很美。

「今天放假。」佳弟說得理所當然。

「颳風的日子你放颳風假；下雨的日子你放雨天假，」王后看看頭頂的藍天白雲，「今天天氣這麼好……」

佳弟接著說：「今天是好日子假。」

王后搖搖頭：「你不但自己逃學，今天還帶同學出來玩，小心鞭子老師打你屁股。」

「我只是來花園走走逛逛。」佳弟嘟著嘴，「亞述王幫你建了這麼大、這麼美的花園，我幫你看顧這些花，這些花會更美。」

王后若有所思的說：「佳弟，這裡再美，也沒有我的家鄉美；我家鄉的花，勝過尼尼微城裡所有的花。」

佳弟替她想辦法：「想家就回去呀，這裡太無聊了。」

王后笑了：「無聊？亞述王今天獵到第三百頭獅子，要連續舉辦一百天的宴會，你還怕無聊呀？」

佳弟搖搖頭：「一百天吃吃喝喝的日子，膩都膩死了。」

王后笑了笑，跟一個宮女說：「碧麗，你帶他們回學堂，別讓他們半路跑了。」

佳弟一聽，轉頭就想溜，但胖胖的碧麗一手就把他拎起來。

「走吧！」碧麗另一手抓住劉星雨：「我們去找鞭子老師。」

她說走就走，花至蘭要小跑步才跟得上。

佳弟一路大吼大叫：「碧麗，你的手鬆一點，我的脖子受不了。」

「上回你也這麼說，結果我好心把手一鬆，你就跑了。今天我不會被你騙了。」

碧麗的手勁大，劉星雨想甩都甩不掉；花至蘭在一旁問：「碧麗，你要帶他們去哪裡啊？」

「去上學。」

佳弟全身扭動：「我不要上學，鞭子老師打人好痛。」

「佳弟，你不上學怎麼會寫字？」碧麗像個大姊姊般的勸說，「你看那些宮女誰識字呀？她們想學都沒機會學呢。」

佳弟邊扭邊說：「哼，叫我去上學，你自己會寫字嗎？」

碧麗毫不猶豫的說：「當然會。」

「我不相信，」佳弟大叫，「尼尼微城裡的人都知道，河裡螃蟹認的字都比碧麗多。」

「不可能！」碧麗把佳弟和劉星雨放下，怒氣沖沖的摘來柳枝，怒氣沖沖的蹲在地上，一筆一劃的寫下：

碧麗

「誰說我不會寫……」她得意的抬起頭，卻只見柳樹搖曳，陽光燦爛，四周安安靜靜，那三個孩子早就跑遠了。

他們經過很多個門，一個又一個，跑下許多樓梯，終於跑出花園。劉星雨和花至蘭回頭一看，這才發現，這座花園建在一個高臺上。它像積木般，層層堆疊，一共有四層；每一層都有巨大的柱子支撐，每一層都種滿奇珍異草。

一條大河從城外來，它流過高臺下方。數不清的人在河邊工作，有的汲水；有的合力搖動巨大的把手，那個把手帶動齒輪，把裝滿水的桶子送到花園最高層。嘎嘎嘰嘰，桶子和繩索發出艱難的聲音，像是在為這群辛苦工作的人吟唱。

花至蘭想起來，高臺上的花園裡有河有瀑布，原來小河和瀑布的水是這麼來的。

「這太費功夫了吧？」花至蘭問：「直接把花園建在河邊，取水多方便，也不必動用這麼多人力。」

「建在河邊有什麼稀奇呀？」佳弟解釋：「王后自從來了尼尼微城，總是悶悶不樂的；亞述王為了讓她開心，下令蓋這座空中花園，裡頭好多花草全來自王后的故鄉。」

當他說到「空中花園」四個字時，劉星雨和花至蘭的耳機，同時響起「叮」的一聲：原來節目單上的第二個圖案不是花圃，是亞述王的空中花園。

花至蘭還是不明白：「可是，這樣澆水好浪費人力哦！」

佳弟很正經的說：「亞述王不缺人。上回攻打巴比倫，抓了幾萬個奴隸回來蓋城市、建城牆，連這條連接幼發拉底河的引水道都是奴隸挖出來的。跟那些工作比起來，取水是最輕鬆的事了。」

原來在工作的是奴隸，難怪這些人一副愁眉苦臉。一個老人的動作慢，士兵毫不留情的踢他一腳。

花至蘭想替老人出氣，佳弟拉著她：「你幫不上忙的。走吧，亞述王的宴會要開始了；雖然辦一百天很無聊，但再無聊，也比看這些奴隸被打來得有趣。」

超時空
翻譯機

空中花園

如果你是個古代亞述人，你應該為你們國家的建築技術感到光榮，例如鼎鼎大名的「空中花園」。

據傳，巴比倫的君王尼布甲尼撒為了他的王妃，特別蓋了一座空中花園，好紓解她的思鄉之苦。

據說這座空中花園是用立體造園法：花園蓋在四層平臺上，每層平臺用二十五公尺高的柱子支撐著。花園的灌溉系統十分的「人工」，是由奴隸不停推動繫著齒輪的把手，把水送到花園最上層。園中種滿各種奇花異草，有很大一部分來自王妃的家鄉，希望王妃看了有如回到家鄉。

由於這座花園太壯觀了，因此被譽為古代世界的七大奇蹟之一。

只是，後世的科學家在古巴比倫遺址找不到空中花園，倒是在亞述帝國的首都尼尼微城附近，找到空中花園的遺址，證實它其實是由亞述王所建。

巴比倫空中花園想像圖

亞述空中花園想像圖

後世藝術家想像的空中花園

4 亞述法典

宴會在王宮舉行。整個王宮建在一個平臺上，進入王宮大殿前的階梯上，擺滿神獸雕像。大殿寬闊無比，四周由泥磚砌成的巨牆上，也刻滿各種怪獸：長了翅膀的獅子，牙齒如長劍的老虎，兩個頭的大蟒蛇……等。

佳弟的身分似乎很重要，守門的士兵見到他，竟然還朝他行了禮。

「你到底是誰呀？」花至蘭問。

「一定是什麼大官的兒子。」劉星雨猜。

佳弟只催著他們：「你們的動作要快點！美食佳餚一道道，慢了只有天知道。」

「你這麼貪吃呀？剛才還跟王后說宴會很無聊。」花至蘭笑他。

「告訴你們一個廚師的祕密：再好吃的食物，涼了就不好吃嘍。」

「廚師？好像……我們……鍋蓋老……」花至蘭喃喃自語。

佳弟嘻嘻一笑：「鍋蓋不能老是蓋著，好廚師要時時檢查嘛。」

「又是廚師諺語，」劉星雨很肯定，「你是鍋蓋老師？」

「什麼鍋蓋老師？我最怕老師了，如果被鞭子老師抓到──」佳弟指著前方，「亞述王也救不了你。」

胖大的亞述王坐在大殿最高的地方，距離他們很遠，劉星雨就算有二點零的視力也看不清楚。

大殿的地板是磨得發亮的石板，桌子上擺滿數不清的食物：水果、烤肉、烤魚、紅酒和牛角麵包。

佳弟邊走邊介紹：「我最愛這種牛角麵包，撕一塊沾醬汁就很好吃——你們知道嗎，醬汁是調味之母，一說起醬汁我就停不住；做麵包很簡單，但是調醬汁的學問就大了……」

他說起料理的神情，讓花至蘭想起鍋蓋老師；不過，佳弟沒有鍋蓋老師嘴上那一抹小鬍子。

突然，一個胖胖的男人搖搖晃晃的跑過來，他拉著花至蘭：「陪我跳舞，陪我跳舞。」

花至蘭嚇一跳：「我……我不會跳！」

「你不跟我跳舞？你說你不跟我跳舞？」那人一定喝醉了，全身上下都是酒味。

劉星雨想幫忙，但胖男人的力氣太大了，他伸手一推，劉星雨連退六、七步，一個重心不穩，撞到兩個抬著烤羊的人。

這一撞，沒人抓得住羊，烤羊飛了起來。

啊——

一時之間，大家好像都在喊著：「烤羊……飛天烤羊……」

烤羊飛上天，再直直落下來，砸中一個陶甕。陶甕破了，裡頭的酒全噴在一個光頭男人的身上。

「誰弄的？」光頭男人氣呼呼的站起來。

抬羊的人搖搖手：「不是我們，我們只負責抬羊。」

酒醉的男人搖搖頭：「不是我，我沒撞到羊。」

那撞到羊的是——

每個人都望著劉星雨。

「你慘了，」光頭男人身後的幾個人氣勢洶洶衝過來，他們扯著劉星雨，「你弄髒了我家大人的頭和衣服，看你怎麼辦？」

「對對對，看你怎麼辦？」圍觀的人跟著附和。

「我幫他洗衣服，」劉星雨說，「不然還能怎麼辦？」

「怎麼辦？」光頭男人把頭上的酒擦掉，指揮眾人：「快去把法典搬過來，我來看看應該怎麼辦——快去！」

人都有湊熱鬧的天性，一發現這裡有騷動，宴會好像變得不重要了。慢慢的，人愈聚愈多，等四個僕人扛了一塊板子過來時，人們還繞他們，圍成一個好大的同心圓：內圈的人要坐著；中間圈的人要半蹲；後圈的人甚至要站到凳子上才看得清楚。

「莫拉大人，亞述法典來了。」僕人氣喘吁吁的說。

「叮！」四周雖然很吵，花至蘭還是聽見耳機裡傳來的聲響。劉星雨也望著她——沒錯，他也聽見了。節目單上的第三個圖案是一塊寫滿字的板子，現在浮出一個紅圈，他們找到第三個圖案了。

那些僕人抬上來的板子，上頭有著密密麻麻的文字，可惜花至蘭看不懂。

莫拉大人一邊喃喃自語，手指在板子上快速的移動：

「第十八條講的是盜賊：如果不經過主人同意而拿取，就叫做

『偷』。」

「第二十一條之六，講的是侵占別人的財物。」

花至蘭仔細看看那塊板子，啊，那不是木板，是泥做的板子，難怪要好幾個僕人抬。

板子上記的全是法律條文，一行一行，字又小又密。

「嗯，至於弄髒一位地位崇高的大人的衣服……」莫拉大人還在自言自語，「如果用第六十七條來罰你，要罰三頭牛；用第六十八條之二的『冒犯尊貴領主身分』，那你就要多賠一口井……」

「其實第六十七條比較合理。」有個人在一旁給意見。

「六十八之二那條才對。」另一邊也有人提議。

劉星雨聽了很著急：「我只是弄髒他的衣服……」

莫拉大人制止大家：「別急別急，不是這樣的。」

「還是大人明理。」劉星雨鬆了一口氣。

「真的不是這樣的，你剛才用酒濺到我，我還沒算到那筆帳呢。這塊法典上頭沒寫到，」莫拉大人抬起頭，指著他的僕人說，「你們快把第二塊和第三塊法典也搬來。」

「這沒道理吧！」旁觀的人七嘴八舌。

「誰說的，他是尊貴的大人耶。」人們的意見很多，很快分成幾派，他們討論時，形成一陣嗡嗡嗡的聲浪。

這邊認為罰太重了，那邊認為罰太輕了。

有的說法典沒寫明白，有的說法典寫得很清楚。

花至蘭也有意見，她向大家說明：「我同學劉星雨不是故意的。」

「不是故意的，也有『故意』兩字呀。」她的話，又引來新一輪的討論。

「那不是故意的故意，法典上有沒有寫呀？」

就在這陣激烈的辯論聲中，莫拉大人怒吼一聲。

「他弄髒了我的頭，沒有錯吧！」

眾人被他的咆哮給震懾了一下下，但花至蘭不服氣：

「弄髒了洗一洗就好了嘛，那只是一顆頭。」

「就只是一顆頭？小姑娘，我只有一顆頭，」莫拉大人搖搖手，「我們是有法律的國家，一切都要照著法典走——啊，法典終於來了。」

莫拉大人摩拳擦掌的看著新送來的板子：「有了有了，這裡的法條沒說他弄髒我的頭要怎麼辦，但是你們大家看——第二法典第十九條有說，他以下犯上，他不但驚嚇到我這個有身分地位的大人物，還弄髒了有身分地位大人物的尊貴衣服……」

「其實只有幾滴酒。」花至蘭提醒，「你真的好愛計較哦。」

「就算是幾滴酒，我也被嚇到了呀，因為我的膽子小，精神受損，」莫拉大人抬起頭，告訴四周的人：「弄髒衣服，賠三頭牛加一口井；第二法典第十九條之七還加註：冒犯到有身分地位的大人，得剁掉一根手指頭——你們說，這是不是太輕了。」

「手指頭？」劉星雨一聽，幾乎快嚇昏了。

「什麼，才剁一根手指頭？」佳弟在旁邊喊，「冒犯您這麼尊貴的大人，至少也要砍一條腿。」

他一喊，圍觀的人也喊著：「沒錯沒錯，至少一條腿。」

「一條腿啊？」莫拉大人斟酌著，當他打量著劉星雨的大腿時，劉星雨嚇得臉色發白。

「你是大人，凡事都要遵照法典，不能亂判。」有些人很有正義感，

「只能剁一根手指頭，再多一片指甲也不行。」

「可是他是大人耶，應該多砍一條腿，冒犯大人是不被允許的……」

「剁一根手指頭就夠了，法典說的算……」

「一條腿，根據法典……」

「一根手指……」

意見不同的人全都站起來，他們分成兩邊，朝著對方走過去，直

到肚子碰到對方的肚子，肚子與肚子互相頂來頂去……

莫拉大人在肚子陣裡喊著：「別急別急，等我看看法典。」

泥板的字很小，又分成好幾塊，他一下子看這塊法典，一下子看那塊法典，忙得一團亂。劉星雨和花至蘭突然覺得手一緊，回頭一瞧，是佳弟。

佳弟比了個「噓」，拉著他們，從那些肚子下鑽了出去。

超時空翻譯機

兩河流域的法典

如果你生在古代兩河流域，千萬要小心，不要犯了法。

兩河流域做為世界最早的文明之一，他們很早就訂下嚴格的法律讓人民遵守。訂法律的作用在於讓人們聽從君王的指導，相信君王是他們的天；如果違反了法典，就要根據法典上的條文處罰。

漢摩拉比法典距今有將近四千年的歷史，它是古巴比倫第六代國王漢摩拉比頒布的法律，被認為是世界上第一部較有系統性的法典。

漢摩拉比法典

這部法典用楔形文字刻在一塊黑色的圓形石柱上，一共有兩百多條條文。法典的開頭是漢摩拉比的一篇引言：「讓正義之光照耀整個大地，消滅一切罪人和惡人，使強者不能壓迫弱者。」這部法典有兩個最主要的原則：

1. 以牙還牙，以眼還眼

2. 盡自身所有身家，以恩報恩

除了巴比倫人的法典，亞述人也有法典；他們的法典刻在泥板上，只是因為年代久遠，很多地方已經破損了，不過主要精神也很接近漢摩拉比法典。

因此，如果你住在古代的兩河流域，千萬不要犯法，不然，「如果傷了貴族的眼睛，要用你的眼睛來還；如果折了貴族的手腳，你的手腳也不保。」想起來，挺殘忍的。

漢摩拉比法典

5 尋書三史

三人跑到王宮外頭，發現沒有追兵跟來，劉星雨這才扯著佳弟說：「你嚇了我好大一跳，剛才我真的以為你要砍我一條腿。」

「砍大腿？不會啦，」佳弟笑著說：「他們老是為了法典吵架，我們都很習慣了。」

「法律都刻在板子上了，還能吵架？」花至蘭問。

佳弟想也沒想就說：「法典就這幾塊，大家看來看去意見都不少；法律是死的，人是活的，愛鑽牛角尖的人，總能找到漏洞。」

佳弟說話時，劉星雨覺得怪怪的，好像……好像有誰在盯著他們。他猛然回頭，後頭的長街人來人往，但是街邊轉角處好像有什麼東西一閃而過。

「劉星雨，發什麼呆呀？」花至蘭笑他。

「沒……沒事。」劉星雨問，「你們說到哪了？」

花至蘭說：「我們正講到這些法典。怪來怪去，只怪亞述法典的字刻太小，又只刻在泥板上，太重了。最好把它放大字級印成書，清楚明瞭，攜帶方便，人人有一本，大家就不用吵。」

「書？你說的是什麼書？」一個又高又瘦的男人走過來，朝花至蘭伸出手，「亞述王有命令，天下的書，都得送進他的圖書館。你說的書在哪裡？」

「你是誰呀？」花至蘭沒好氣的問。

「我是消息靈，亞述王座下尋書三使之一，奉亞述王的命令找書。這天下的書，不管是大書小書迷你書，只要是書，只要有訊息，我都能打聽得到。」

「我們今天本來在演戲，所以身

上沒帶書；不然我的背包裡通常都有幾本書，就能送你幾本書。」花至蘭說。

消息靈聽了竟然哈哈大笑：「拿幾塊書放在身上？愛說大話的小姑娘，我看你連一塊書也拿不起來，還想帶很多塊？」

「哼，你不相信……」花至蘭摸摸身上，她找來找去，找到一張紙。

「我今天真的沒帶書，身上也只有這張單子。」那是鍋蓋老師發的節目單。

消息靈的背後伸出一隻手，搶走那張單子：「你得把它給我；不給我，賣給我也行。如果連賣都不想賣，那我就跟你借來抄。」

搶單子的人留著山羊鬍，說話時，口沫橫飛。

花至蘭一邊躲他的口水，一邊問：「先生，先生，你又是誰？」

「我是妙妙嘴。」

「好奇怪的名字？」

妙妙嘴說：「不奇怪啊，消息靈負責

打聽書的消息，我專門跟書主人打交道，想盡辦法讀出書的內容，就像你手中這塊書……」

「這不是書。」劉星雨說，「這只是一張戲劇演出的節目單。」

妙妙嘴看了那單子一眼，突然「咦」了一聲：「哈，有趣，有趣，這麼有趣的書，亞述王應該還沒有。」

看妙妙嘴這麼有興趣，花至蘭好奇的問：「請問，這本書哪裡有趣？」

「這書上有五個圖案……」妙妙嘴搖頭晃腦的說，「啊哈，我讀懂了，這些圖案

的意思是，英勇的主角在天神的庇祐下，找到了一座神奇的花園；然而花園裡暗藏危機，有一頭雄獅埋伏——對不對？」

妙妙嘴說到這裡還故意停下來，看見大家都在注意他，這才得意的繼續往下說：

「英雄跟獅子挑戰，英雄渾身浴血擊敗了獅子，這件偉大的事蹟就記錄在一塊書上。而這個盾牌……」

「你真的好會說故事。」花至蘭忍不住稱讚他，妙妙嘴實在太厲害了，雖然沒跟他們一起冒險，卻說中了他們遭遇的事。

「要去哪裡找盾牌呢？」劉星雨問。

「別急別急，好故事自己會跑出來。這個盾牌是英雄的印記，只要找到了盾牌，英雄的任務就算完成，他就能跟著老鷹，找到回家的路。嗯，好書，值得珍藏的好書。」

「既然是好書，那就值得放進亞述王的圖書館裡。」又一個聲音冒出來，說話的主人有隻大手，他一把搶過節目單，看一看，點點頭，轉身，朝兩個僕人招招手。

那兩個僕人立刻抬出一塊溼泥板，放在他面前。

妙妙嘴又說話了：「我替你們介紹，他也是亞述王尋書三使之一，他叫一手好字。」

「一手好字？」劉星雨不相信，「哪有人取這麼怪的名字？」

「告訴你們吧，亞述王曾派人跟他挑戰寫字速度，整個王國六百七十五個書吏官，沒人寫得比他快，更沒人寫得比他好看，這就是他的名字的由來。」

妙妙嘴解釋時，一手好字就在一旁寫字。花至蘭觀察到，他是用一根草桿在泥板寫——與其說他在寫字，更像在泥板上壓字。那根草桿做的尖筆呈三角形，壓出來的字體頭粗尾巴細，遠看就像有人用小刀在板子上刻出大大小小、橫直交錯的「一」。

一手好字寫字果然很快，一下子就把字刻滿了。妙妙嘴拍拍手：「這本亞述王國大冒險完成了。」

原來輕輕巧巧的一張紙，現在變成一塊笨重的泥板書，妙妙嘴得意的看著花至蘭：「你們那種書，風一來就被吹跑了；還是我們的書好，又重又大，不怕風吹，不怕小偷拿。奇怪了，你們國家的人，怎麼都沒想到這種好方法呢？」

「亞述王的圖書館又多了一塊書。」消息靈在一旁興高采烈的說，

「你們今天提供一塊書，有資格進去亞述王的圖書館裡看一眼。」

一群人浩浩蕩蕩的出發，花至蘭一路跟妙妙嘴鬥嘴，逗得佳弟一路咯咯笑。只有劉星雨，他老是覺得有種被人監視的感覺，但不管他回頭幾次，後頭什麼也沒有；最後他放棄了，走到最前面，和那兩個抬著書的僕人一起走。

6 亞述王的圖書館

亞述王的圖書館外頭有兩隻巨大的飛天石獅。牠們低著頭，俯瞰每一個進去的人，像守衛，也像警告。

圖書館的大廳很暗，因為裡頭根本沒有窗戶。

一個頭髮全白的老人坐在一張椅子上，瞇著眼打量他們。他的臉上布滿皺紋，白色的鬍子胡亂生長，讓他看起來冷漠極了。

消息靈很恭敬的說：「全知的珊布館長，這三個孩子，今天貢獻了一塊泥板。依照亞述王的命令，他們獲准前來圖書館看一眼。」

「這世上還有什麼書是亞述王沒有的呢？你看我這把椅子，全是亞述王看不上眼的書，有的內容可笑，有的情節荒誕，這些不入流的書，就只配拿來當椅子。」

珊布館長跳下那疊泥板堆出來的椅子，仔細盯著花至蘭和劉星雨。

他的身材又瘦又高，像螳螂；當他看到佳弟時，哼了一聲：「你今天又逃課？」

「今天是好日子嘛。」佳弟很老實的說。

「你別被鞭子老師抓到，」珊布館長搖搖頭，轉頭問消息靈：「書在哪兒呢？」

妙妙嘴指著那塊剛抄好的書：「這書本來抄在一塊紙上，要不是我們把它抄在泥板上，它早就被風吹到沙漠了。」

珊布館長低下頭，仔細看看泥板：「嗯，這是傳奇故事類，說得還不錯，算是亞述國原創英雄冒險故事。那得放在『故鄉』類和『固有道德』類的中間。」

他一招手，幾個僕人過來，畢恭畢敬的把泥板放進書架。

「雖然你們送來的書不是什麼偉大的著作，但既然亞述王曾答應，凡是贈書能列入庫藏的人都能看一眼圖書館，我還能說什麼呢？」珊布館長的口氣很不情願，「走吧，趁機讓你們認識亞述王的偉大——但是，你們這幾個孩子，懂什麼叫做『偉大』嗎？」

珊布館長人高腳長，一個跨步就拉開好遠的距離，花至蘭得小跑步才趕得上。整棟圖書館幾乎陷在黑暗中，可是館長行動起來幾乎毫無困難。

圖書館的牆上有小小的燭火提供光線。只是，屋子太大了，而四周又用布把可能透進來的各種光給遮得密密實實，那一點兒火光實在微不足道。僕人遞給他們一人一支蠟燭，花至蘭把蠟燭舉高，在燭光照明下，這裡的空間更像塞滿了書架的倉庫；中央走道兩旁是一條條小走道，小走道兩旁的書架跟珊布館長一樣高，但書架之間相隔的距離並不一致，有的很寬，有的很窄。每個架子上都排滿了泥板，或許是泥板太重了，很多架子的中間都往下陷。

花至蘭摸黑看見幾塊巨大的泥板，大小尺寸簡直像門板，兩面刻

滿了字，記錄的應該是很長的事；最小的泥板和花至蘭的手掌差不多大。這些泥板成排的放著，數量至少有幾萬塊吧？

珊布館長很得意：「這些全都是亞述王的書。這個世界上有多少書，這裡就有多少塊泥板——全世界的知識，都收在這些泥板上。」

「有沒有運動類的書？」劉星雨把一塊泥板拿起來看，他輕聲說：「有的話，我借一塊回家。」

前面立刻傳來一陣怒吼：「不能借！」

劉星雨困惑的抬起頭——是珊布館長。

「這裡的書不能借！」珊布館長好像很生氣。

劉星雨解釋：「我只是借書，不是要偷書。」

「不能借。」館長指著圖書館裡滿坑滿谷的泥板：「除了亞述王，這些書誰也不能借出去，全世界的書都在這兒，少了一塊怎麼辦？」

「全世界的書？」花至蘭不太相信，她想抽一塊泥板出來看看，珊布館長馬上抓著花至蘭的手：

「不……不能摸，亞述王的書，不能摸。」

「不能借，不能摸，那怎麼看書呀？」花至蘭問。

「看？」珊布館長搓搓額頭，「你有什麼資格看這些書呢？這裡的書，你們不能看。」

「圖書館不給人看書？那怎麼叫做圖書館？」花至蘭不懂。

「這個圖書館是尊貴的，神聖的，偉大的亞述王的；他是天，也是地，更是諸神的兒子。他想看就看，想摸就摸，想拿就拿；但是，你們不行！」

花至蘭拍拍手：「我懂了——不能借、不能摸、不能看，所以你才叫做『三不』館長。」。

「什麼也不懂的小孩。就是因為不能借、不能摸、不能看，這座圖書館才能永遠保持下去。」燭光把珊布館長的臉照得亮晃晃，「外面世界連年打仗，局勢動盪不安，這裡興起，那裡殞落，一個國家起來，一個國家滅亡；世事變動，只有這些書能永遠流傳，你們懂不懂？」

他說到這兒，恰好也走到走道的盡頭。他向右轉入一間有陽光照射的屋子，明亮的日光，彷彿多年不見的朋友。

一群人跟著進入屋子，劉星雨向館長發問：

「亞述王有這麼多書，他一定天天來讀書，學問好得不得了。」

「尊貴的，神聖的，偉大的亞述王有那麼多事情要做，他要管尼尼微城，又要管打仗，沒有空……」

「那他至少兩、三天會來一次吧？」劉星雨追問。

「尊貴的，神聖的，偉大的亞述王還要管理奴隸和軍隊，還要分心去管空中花園和獅籠……」

劉星雨學著他的口氣說：「這麼忙，尊貴的，神聖的，偉大的亞述王一個月總該來一次吧？」

珊布館長搖搖頭：「我說過了，尊貴的，神聖的，偉大的亞述王沒空來——對了，他還要去神廟祭祀……」

花至蘭打斷他的話：「請問珊布館長，我們尊貴的，神聖的，偉大的亞述王，到底來過圖書館幾次？這個你總該知道吧？」

珊布館長哼了一聲：「尊

貴的，神聖的，偉大的亞述王很重視他的書，他把這些書看得比什麼都重要，下令派尋書三使去找天下的書……」

三個孩子異口同聲：「亞述王到底來過幾次？」

「一次。但是你們不懂，他很用心對待這些書……」

「才一次？」三人張大了嘴巴。

珊布館長幾乎快氣炸了：「泥板書如果常常拿起來看，是會壞掉的，懂不懂啊？」

消息靈補充：「蒐集這些書很麻煩，要花好多人力；亞述王打一次勝仗，我們三個就得忙上大半

年，才能把那裡的書搶救出來。」

妙妙嘴用一種「你們都不明白」的口吻說：「書拿回來還要登記，也要分類，我們還要花時間把它們放好！」

一手好字跟著嘆氣：「我們都快跑斷腿了，你們這些孩子不懂呀，要維護這樣的圖書館真的很辛苦，想當年……」

看得出來尋書三使真的很愛書，一談起當年，話都停不下來。

「圖書館裡的書，有些是從米底王宮來的。」消息靈說。

「那時，它們被藏得很隱密，我們以為會找不到。」一手好字說。

「那是一手好字很幸運……」連三不館長都加入。

一談起書，他們就說個沒完沒了。三個孩子興趣缺缺，尤其是劉星雨：「你們慢慢聊，我們出去了。」

「是你功勞最大。」妙妙嘴只顧著稱讚一手好字，根本沒理他。一手好字也在誇館長：「他把書看得跟命一樣呢。」

那幾個愛書人士聊得太開心了，連跟他們三個揮手道別都沒有呢。

超時空翻譯機

亞述有個愛閱讀的國王

如果你是個古代亞述人，而你又愛讀書，有個工作你一定要去爭取。

亞述的國王巴尼拔最愛閱讀了，他曾在一塊泥板上寫下自白，說自己受到智慧神的啟發，覺得有必要博覽群書，從中學習打仗和治理國家的本事。他並稱讀書可以充實知識，還可以養成高貴的氣度。

這麼熱愛閱讀的國王，雖然工作繁忙，他還不忘派人去世界各地找書。因此，愛書的你，一定要爭取替國王找書這個差事。

亞述國王巴尼拔塑像

巴尼拔雕像

考古學家曾發現巴尼拔國王對一些文官下指令，要他們到處收集泥板書，甚至還明白的指示，要他們帶人去收集人們家中和神廟裡的泥板。

除了親自下命令外，巴尼拔國王還雇有好多學者和抄寫員，專門抄寫各地的泥板。

因此，喜歡看書的人，如果生在亞述帝國，可以去應徵找書大使的工作，一邊找書一邊旅行；只是他們的書太重，你得先練好體能囉。

世界上最早的圖書館

如果你是個古代亞述人，那麼，首都尼尼微城裡有間圖書館，你一定知道。

這是亞述國王巴尼拔的創舉，他是一個熱愛搜集文獻和泥板的收藏家。

這間圖書館，當然在王宮裡（意思是，你想借書卻借不到）。國王派出去的找書大使會把找回來的書放進陶罐裡，送進圖書館。等這些從各地搜集回來的著作被翻成亞述語後，由書記拿著尖骨筆把字刻在小泥板上。刻好的泥板拿去烘乾後，就能保存良久。

這間最早的圖書館裡大概存放三萬塊泥板，記錄著當時的貿易、宗教習俗、法律、歷史、醫學等等。

西元前六一二年，巴比倫攻陷尼尼微城；當時的大火燒毀了建築物，也把圖書館裡的皮革、莎草等質料的文獻資料全部燒毀。幸運的是，那三萬多塊泥板被大火烤得更乾更堅固，它們在地底下經歷千年，最後在考古學家的努力下被挖掘出來，目前它們被保存在英國的大英博物館裡。

以楔形文字書寫的泥板

亞述圖書館收藏的泥板

7 戰爭之王

花至蘭好想回家；這個地方的氣溫高，空氣乾燥，讓她懷念可能小學福利社賣的冰涼礦泉水。

但是，怎麼回去呢？回想之前的埃及冒險，她和劉星雨很幸運的找到一扇門，才回到可能小學。

「佳弟，我們要怎樣才找得到城門？」花至蘭問。

「尼尼微城有十五道城門，你們要找哪一道門？」佳弟問。

這個問題難倒花至蘭了，這麼多的城門，每一道都很像，要怎麼找到通往可能小學的門呢？

劉星雨回憶：「我們上回去埃及，把闖關卡上的圖案都找齊了，才能從金字塔回去……」

花至蘭看看節目單：花園、獅子和泥板都被紅圈圈起來，下一個是……

「去哪裡找盾牌？」她看看四周，街上人來人往，卻沒人隨身帶盾牌。

佳弟拍了一下手：「調味料，要進廚房找；盾牌和長刀，當然要找戰爭之王，他那裡什麼稀奇古怪的東西都有。」

戰爭之王在市集裡做生意，市集就像現代的菜市場，販售蔬果、牛羊、香料和服飾。

雖然市集裡人很多，但從很遠的地方就能認出戰爭之王：他的身材像巨人般高大，虎背熊腰，上半身只套一件鎖子甲；鬢角和鬍子融合成一大團剛硬的鬍子圈，加上頭髮，濃密的毛髮幾乎包覆他的整張臉，留下一對炯炯有神的大眼，直瞪著每個經過的人。

戰爭之王的攤子占地大，東西多。

他賣的刀有大有小有厚有薄，最大的刀像是巨人族用的，又大又重；他賣的槍有些比花至蘭媽媽晒衣服的竹竿還要長。花至蘭搖搖頭，猜不透這個年代的人如何用這種刀槍打仗？

「小伙子，需要什麼啊？」戰爭之王一手搭著佳弟，像巨人遇見侏儒：「聽說巴比倫人快來報仇了，你們是不是想來選一些武器？」

「比起武器，我更想要一把菜刀。」佳弟笑著。

「菜刀那種玩意兒我沒有，倒是長刀短刀尖刀和大刀你都可以拿去用，」他轉頭看著劉星雨，「小兄弟，想買把什麼刀呀？」

「我……我要這些東西做什麼？」劉星雨說。

「要這些東西做什麼？」戰爭大王的音量特別大，他一笑，整座尼尼微城幾乎都要震動了，「你上了戰場，拿著這些武器，就可以砍敵人的頭，就能躲過敵人的長槍。」

戰爭之王每說到一樣武器，就把這些武器往他的手上放。

長矛很重，大刀很重，盾牌更重……

「叮」的一聲，劉星雨被耳機傳來的聲音嚇到，手上的盾牌掉到地上。

「第四個圖案找到了。」花至蘭跑過來，想幫他把盾牌拿起來，但她吐吐舌頭：「我……我拿不動。」

戰爭之王毫不費力的把盾牌扔到武器架上，隨手取出一件盔甲：

「穿上它，再強的箭也射不穿。」

說完，他把盔甲套在劉星雨身上。

「這太重了。」劉星雨腿一軟，佳弟想幫他脫，兩個人弄了半天，戰爭之王一手就把盔甲從他身上拿掉，甩到一旁。

「盔甲這麼重，怎麼打仗？」花至蘭也搖頭。

「你們有眼光，這種特厚級盔甲只適合給沒有腦袋的莽漢。別擔心，我這裡販售最新型的戰爭之王盔甲四代，它的重量不到舊款的一半的一半，任何人——即使這個瘦小的姑娘——」戰爭之王指著花至蘭，「我敢說，連她都能穿。」

花至蘭想試試那件四代盔甲，但是，她抬不起來。

戰爭之王好像沒看見她脹得通紅的臉，對著劉星雨說：「整個尼尼微城找不到這麼輕的盔甲了。去打仗的士兵都知道要選這件，這比亞述王配給士兵的裝備好上一百倍，是今年最暢銷的款式。想一想，能在戰場上快速移動，不管打仗還是逃命，你都比別人厲害。」

「但是，我沒錢。」劉星雨說。

「我沒叫你現在付錢呀。」戰爭之王笑著說：「你這小伙子看起來很靈活，體力也很好，投資你絕對錯不了。你要什麼武器儘管拿，等你打完仗，我再跟你收錢。」

「打仗？快打仗了嗎？」劉星雨一臉疑惑。

「小伙子，仗是永遠打不完的。亞述王最愛打仗了，今天打巴比倫，明天打米底，說不定他對波斯也有興趣；但是，他打別人，別人也可能來打他。相信我，我有最佳的情報來源，戰爭轉眼就要來了，只是愚笨的人通常不知道，」戰爭之王催促他，「快吧，要什麼武器，你都可以拿走。」

「天下沒有白吃的午餐。」佳弟提醒劉星雨。

劉星雨問：「那我要怎麼付你錢？」

戰爭之王發出一陣狂笑：「亞述士兵都知道，打仗是最快發財的方法，打到哪裡就搶到哪裡——你搶回來的金銀珠寶分我一半，比亞述法典還要公平。如果你願意，武器任你選，馬匹任你挑。」

花至蘭替劉星雨問：「他要是受傷了……」

「受傷了，我請尼尼微最好的醫生替你看病，不管是斷手斷腳他都能治好。當然啦，如果你不小心把頭弄斷了，那誰也幫不了忙呀，哈哈哈。」

戰爭之王的笑聲真的很恐怖，把在廣場四周覓食的鳥都嚇得飛上天。他說的醫生就在戰爭之王的攤子邊唱歌——那是個矮小的老人，穿著髒兮兮的袍子；晒得黝黑的臉上，兩顆眼珠感覺特別的小。

頭痛時，來找我
腳痛時，來找我
伊新城的名醫就是我

七粒藥丸讓你下床走
七滴藥水讓你不憂愁
為你念念咒
天上諸神
地上眾神
齊聲祝福
無病無痛無憂愁

一個戴面紗的女人抱著孩子到醫生的攤子前，說她孩子的肚子痛了三天三夜。

老醫生安慰她：「沒事的，在我主阿舒爾的看護下，你看，你不

亞述空中花園奇遇記

是遇到我了嗎？這全是我主阿舒爾的指示，放心，這孩子很快就會沒事的。」

「太好了，太好了。」那女人千恩萬謝的朝著老人直行禮。

老醫生摸摸那孩子，一邊在瓶子裡滴藥水——一二三四五六七，七滴藥水，一邊對孩子念著咒語：「嘛嘛米牙嘛嘛米牙！」

孩子喝下藥水後，醫生說：「好了好了，抱著孩子回家吧。在我主阿舒爾的看護下，喝了我給的這七滴藥水後，明天他就會下床陪你主阿舒爾的看護下，喝了我給的這七滴藥水後，明天他就會下床陪你歡笑。」

女人千謝萬謝的走了。

花至蘭覺得很新奇，她沒見過這種治病法，感覺像巫師在施法。

愈來愈多的人聚攏在攤子前：

滿臉皺紋的老人牽著羊過來。

削瘦的男人扛著鍋子站在一旁。

一個瘦瘦的男孩咬著餅，也來看熱鬧。

更多的是來看病的人。那個老醫生真的很厲害，頭痛給七粒藥丸，腳傷給七粒藥丸，發燒流鼻涕也是給七粒藥丸。

「我好想帶幾粒回家。」劉星雨覺得很神奇，「以後不管什麼病，吃七粒藥丸就好了。」

「老師說過，成藥不能亂吃，」花至蘭不相信，「怎麼可能有一種藥，什麼病都能治？」

她不相信，但有很多人相信。一個牽羊的老人擠過人群。

「這羊一直長不胖……」

老醫生連頭都沒抬：「吃七粒藥丸，保證你的羊長得跟牛一樣壯。」

「羊長得跟牛一樣壯，那太好了，」老人有點緊張的問：「藥錢多少？太多錢我付不起。」

老醫生笑一笑：「在我主阿舒爾的看護下，我只跟你收一頭羊做藥金。」

老人搖搖頭：「一頭羊？那不行，我只有這頭羊。」

「是嗎？好吧，在我主阿舒爾的看護下，我只跟你收半頭羊的藥金。」

四周響起一片笑聲：「半頭羊還需要吃藥嗎？」

「半頭羊只要吃三滴半的藥吧？」

這一說，眾人都覺得很好笑，哈哈哈哈——

笑聲會傳染，一個孩子笑得很開心，突然臉脹得通紅，兩手不斷在空中劃呀劃。

「怎麼了？」孩子的媽媽問。

那孩子的臉瞬間變青了。

所有的人都在喊醫生，老醫生慢條斯理的站起來：「沒事的，只要滴七滴藥水……」

老醫生還沒滴藥水，一個人影卻像流星般飛奔過去，從後頭抱住那個孩子，一手握拳，用力擊打孩子的肚子——

一下，兩下，三下。

「呃——」

從那孩子的嘴裡飛出一塊餅，孩子憋成青色的臉孔，立刻變回紅潤。

「沒事了，沒事了。」那媽媽緊緊抱著孩子猛親。

「謝謝，謝謝。」那媽媽轉而拉著另一個男孩的手，不停的親呀親。

「哈姆立克急救法，我只是……剛好想起來……」搔著頭，看起來很尷尬的是劉星雨，平時上課學來的知識，這會兒派上用場了。

花至蘭用力捶了他一拳：「帥啊，同學！」

這時，賣羊的老人突然抓住那醫生的手：「你這騙子，跟我去找法官。」

「你是……？」老醫生嚇一跳。

「尼尼微城的祕密侍衛，負責抓你這種騙子——你上回不是連領主的夫人都騙？」

「我，我，我……」老醫生不斷求饒，只換來眾人的嘲笑和怒罵，還有人拿石頭和餅丟他。

在這陣混亂中，有個手拿長鞭的高大男人突然出現，他抓著佳弟：「你這孩子，逃課逃了一整天，跟我回學校。」

「啊，長鞭子老師。」佳弟嚇得臉色蒼白，連動都不敢動。

亞述帝國愛打仗

如果你是古代亞述人，你很有可能是一名戰士。

西元前八世紀，鐵器開始被普遍使用，它很快成了亞述帝國打仗時的利器。不管是戰車、攻城器、盔甲或刀槍，都需要鐵器；有了好鐵器，增加了作戰時勝利的保障。

亞述因為地理環境關係，四周都是敵人；為了保護自己，他們有一支強大的軍隊，對外瘋狂的占領土地，四處搶奪鄰國的人民和財寶。

例如西元前七四四年，亞述王進軍東北，征服米底各部落；隔年，又西征烏拉爾圖各同盟國獲勝，俘虜敵人七萬；再隔年西征敘利亞……。

由於不斷的軍事征服和掠奪，大量的財富流入亞述，無數的戰俘全成了奴隸，亞述王就派他們去開運河、鋪道路、修城牆。

然而，以暴制暴的結果就是亞述四周的國家不斷反抗他們，最後，巴比倫和米底王國聯軍，引河水沖進尼尼微城，讓亞述王國徹底滅亡。

如果你是古代亞述人，我替你祈禱，希望你在城陷之日，不被敵人抓到，他們可都想要以眼還眼喔……

亞述戰爭泥板圖

亞述戰士作戰歸來

8 鞭子老師

佳弟還沒反應過來，劉星雨已經拉著他跑起來：「你想回學校嗎？」

「當然不要。」佳弟喊。

「別跑——」長鞭子老師在後頭喊，但他的喊聲突然中斷，劉星雨回頭一瞧，長鞭子老師不知道被誰一撞，跌了個狗吃屎，在後頭哇

啦哇啦的叫著。

「真是太幸運了。」劉星雨趁這個機會東竄西鑽，像一顆流星穿過人群。不過，即使跑得這麼遠，還是能聽到戰爭之王的吆喝：「小伙子，記得回來找我拿長槍、盾牌和鎖子甲；各位買武器的朋友，今天戰爭之王武器大特價，大家要好好把握機會。」

就在戰爭之王叫賣武器的同時，劉星雨他們已經跑過餅攤，經過豬圈，穿越市集。市集外，人潮少了，卻有個不識相的男人擋著路。那男人的身材矮小，他手裡也有一根鞭子，和長鞭子老師比起來，他的鞭子短多了。

「唉呀，短鞭子老師。」

佳弟嚇得想逃，但短鞭子老師反應更快，一手抓住劉星雨，一手抓住佳弟，在他抓住兩人的同時，花至蘭氣喘吁吁的趕來了。

「看你們跑去哪——」長鞭子老師一跛一跛的跑來了，

「短鞭子，攔得好。」

「你怎麼啦？」短鞭子問。

「不知道是哪個冒失鬼，突然撞了我一下。」長鞭子老師說。

花至蘭好生氣：「光天化日之下，你們在街

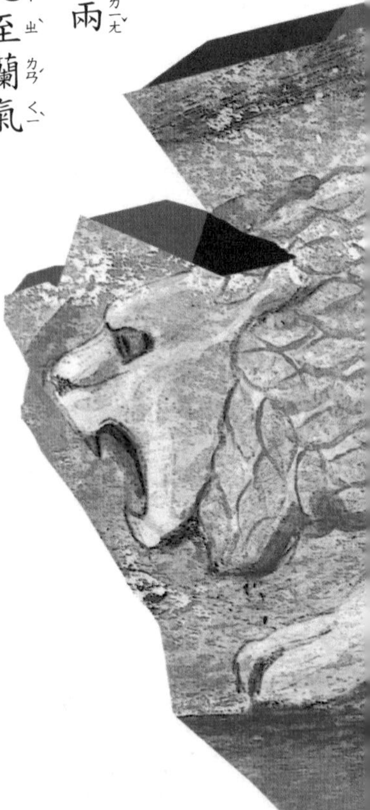

上抓人，這叫做綁票。」

「我是學堂的老師，專門抓逃學之子；你是小女生，乖乖回家去做家務事。」長鞭子回頭指揮短鞭子：「把這兩個小男孩抓回學堂，看學校之父怎麼處罰。」

長鞭子拉著劉星雨，短鞭子提著佳弟，沒人要理花至

蘭，她只好跟在後頭跑。

「當學校之子，就得留在學堂裡，學寫字，學背書。」短鞭子沿路教訓佳弟，順便回頭制止花至蘭：「你，你不能去學校。」

「學校又不是你的，我為什麼不能去？」花至蘭不服氣。

「好女孩應該待在家，學做衣服，幫忙煮飯，」長鞭子意有所指的說，「不能像有些女孩，整天在外亂跑。」

花至蘭急著解釋：「我不是在玩耶，我今天也有上學，因為我也是學生啊。」

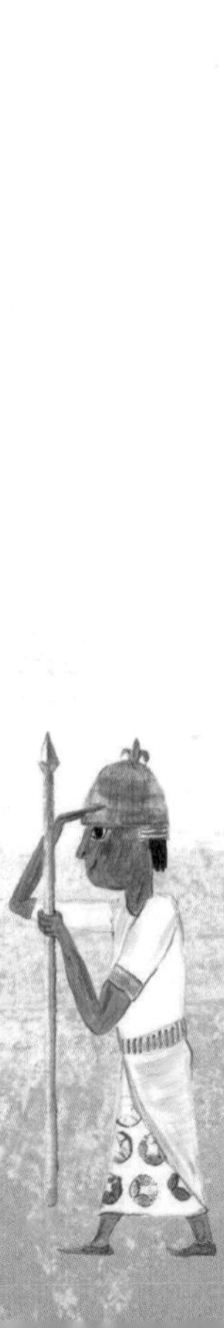

「你也是學校之子？不可能。」兩個鞭子老師不理她，拉著劉星雨和佳弟繼續在巷道間快步走。

鞭子老師們在巷子裡繞，花至蘭在後頭不斷的對他們曉以大義：男女要平等，女孩也應該上學。

可惜，兩個鞭子老師不聽。

長巷子盡頭有個空地，空地上是一長排黃泥磚蓋的平房，很多人在裡頭齊聲朗讀。不必長鞭子提醒，花至蘭也知道學校到了。

「尼尼微城第七學堂，是我們最好書吏的培養學堂。小女孩，到這裡，你就不能再往前一步了。」

長鞭子很驕傲，擋著不讓花至蘭再往前跨一步。

「那怎麼行呢？」花至蘭不放心劉星雨，在長鞭子

的制止聲中，她照樣跟著走進第七學堂。

陽光很強，學堂裡也熱得像蒸籠。教室裡有用磚疊起來的長椅子，學生就坐在椅子上念書；只是，學生手上拿的不是一本本書，而是一塊塊泥板。

學校最後一間屋子，門口有棵細瘦的樹，樹影無力的落在門口。走進屋子，裡頭像間辦公室，說是辦公室，其實更像倉庫，地上

堆了一落一落的泥板。有個中年男人正在泥板上寫字。

「學校之父……」短鞭子老師恭恭敬敬的喊了一聲。

「所以他是校長嘍？」花至蘭猜。

「靜默是美德。」長鞭子老師要她安靜。

學校之父抬起頭，看著佳弟：「這是你第六次逃學了，按照第七學堂的學規，要讓鞭子老師打十五鞭；但是你爸爸是亞述王的重臣，你回家跟他說，拿十五個銀幣來抵免責罰。」

學校之父眼角餘光瞄到劉星雨：「我沒見過你，你是誰？你怎麼會出現在我這裡？」

劉星雨沒好氣的說：「你問他們呀，他們硬把我抓來的。」

長鞭子老師解釋：「敬愛的學校之父，你的學生這麼多，我們分不清楚誰是第七學堂，誰又是其他學堂的學生。總之，見到學生就抓回來，這條學規沒有錯吧。」

學校之父微笑著說：「沒錯，不管是哪裡來的學生，只要繳學費，我們都會希望他留下來。太陽是無私的，第七學堂也是，繳了錢的孩子，通通都是我們最可愛的學生。」

他微彎著腰，視線與劉星雨一樣高：「男孩，不管你原來讀哪裡，歡迎你來當我們的學生；我向我主阿舒爾與你敬愛的父親保證，只要來學一期，你學會的字，將比尼尼微城其他學堂的學生，多認識一百個字。」

「我……我是可能小學的學生，」劉星雨小心翼翼的說，「我們學校很棒，從我進去讀書以後，沒人轉學過。」

「可能小學？這是哪個學堂，我怎麼從來沒聽過？」學校之父覺得很疑惑。

「還有她，」短鞭子老師指著花至蘭大叫：「那邊那個小女娃，說是他的同學。」

學校之父一聽，大驚失色：「啊——竟然有人敢偷偷收女孩子！這件事情太可怕，我得跟尼尼微城裡的學監報告，只要學監知道了，那間學堂就完了。」

「只要學堂一關門，那些學生都是我們的……」長鞭子老師賊賊的笑著。

學校之父點點頭：「把他們帶去教室，通知他們的爸爸交罰金。」

「我不要，我不要。」佳弟不肯走，短鞭子老師人高馬大，伸手想把他拉走；但是佳弟的身體一扭，人鑽出短鞭子的大手，帽子卻掉到地上。

大家都看到了，屋子裡瞬間安靜下來，除了外頭的讀書聲音。

鞭子老師愣了一下：「你……」

學校之父發出慘叫：「她……」

大家的目光都集中在佳弟那頭長髮。

「女孩？」花至蘭好驚喜。

「女孩？」學校之父臉色蒼白，「你是女孩，你在我們學堂裡讀書？」

9 水淹尼尼微

學校之父歇斯底里，口齒不清：

「天哪，我主阿舒爾呀，亞述法典裡規定得清清楚楚，女人只要聽父親與丈夫的話，不需要讀書識字，讀書識字是男人的工作……」

長鞭子問：「學校之父，她……這下怎麼辦？」

「怎麼辦？」學校之父把一頂小皮帽抓在手裡揉，「這件事如果傳出去？天哪，茲事體大……」

他正在發愁，花至蘭和佳弟的手被人輕輕拉了拉，她們回頭——是劉星雨。

劉星雨用手指比了個「跑」的動作，兩個小女生正要行動，一旁的學校之父也做出決定：他握著帽子，激動的說：「抓起來，男的留下來繳學費，女的送回去，別再讓她踏進第七學堂一步。」

只是，學校之父的如意算盤打得太慢，劉星雨想跑，誰也攔不了：「花至蘭，佳弟，你們還不來嗎？」

後頭兩個鞭子老師，揚起他們的鞭子：「別跑！」

鞭子老師一定常跟學生玩捉迷藏，長鞭子人高腳長跑最快，眼看就要抓到劉星雨，幸好，劉星雨低頭鑽過一長排晾在外頭的衣服，長鞭子衝太快，鬍子被那片衣服纏住，一時半刻解不開。

短鞭子雖然矮，跑得也不慢，他對這裡地形很熟，一手伸出去，指尖就碰到佳弟的衣服了。半空中，一條胖胖的人影跳出來。

砰，短鞭子老師感覺像撞到一堵牆。他跌在地上，還沒爬起來，一隻胖胖的巨手把他拎起來。

「公主，要把他抓去餵獅子嗎？」

「碧麗，你來了。」佳弟笑著，「我還以為逃不掉。」

沒錯，救他們的是人是碧麗，又高又壯的碧麗；她拎起短鞭子，就像老鷹抓小雞。

花至蘭嚇一跳，她看著佳弟：「你是公主？」

佳弟把長髮一甩，笑盈盈的說：「我的母親是王后，我只好當公主。」

「她是充滿智慧的佳蒂公主。」碧麗補充：「佳人的佳，花蒂的蒂。」

短鞭子頓時變得結結巴巴：「公主……公主怎麼會跑來讀書？」

「王宮規訂女孩不能讀書、識字，王后只好要我到第七學堂來學習。」

看著碧麗的身影，劉星雨大叫：「是你，原來一路跟蹤我們的就是你。」

「王后命令我保護公主，在市集我就替你們擋過一次長鞭子。」碧麗說。

「原來把長鞭子撞倒的也是你。」劉星雨拍著手，「那一手功夫好帥呀，你應該早點出來救我們的。」

「王后要我暗中保護公主嘛，很抱歉，讓你們受驚嚇了。」碧麗說。

佳蒂公主在旁邊催著：「好了好了，快走吧，等一下要是老師追來了，大鍋小鍋同時滾，再厲害的廚師也要傷腦筋。」

「廚師諺語？」劉星雨和花至蘭看著她，腦海裡同時浮現一個人名：「鍋蓋老師？」

看看佳蒂公主的樣子，他們同時搖搖頭：「不會吧，老師變成女生？」

「不可能嗎？」佳蒂公主正要繼續問，地面突然微微的震動，遠方傳來隆隆巨響，伴隨一陣尖叫。

是地震，還是火山爆發？

天氣晴朗，尖叫聲此起彼落，他們看見一股巨大的水流從前門衝進來。來不及逃跑的人被水捲走，雞鴨牛羊在水中翻滾。

短鞭子臉色蒼白：「巴……巴比倫人攻來了。」

碧麗的反應快，她先把佳蒂公主送上屋頂，再把花至蘭推上去。她想幫劉星雨時，劉星雨一步跳上短牆：「我自己來。」

等他爬上屋頂，碧麗也同時跳上來了。

「公主，跟我來。」碧麗說，帶著大家朝空中花園的方向跑。

洪水很快追上他們。幸好，洪水在巷道間漫流，暫時還沒淹上屋頂。

跑著跑著，他們經過了市集廣場。

廣場中央，戰爭之王坐在一艘船上，朝他們揮揮手：「這是巴比倫人幹的好事，他們一定是挖開底格里斯河的河堤，準備開戰了。」

「那還用你說嗎？」碧麗搖搖頭，「你這情報

來得太慢了。」

「情報只要能發財就行，」戰爭之王忙著做生意，對著水面上的人喊話：「一個船位十金幣，要生命，千萬別捨不得金幣；沒金幣我也有木板賣給你，木板便宜，一邊當浮板，一邊還能擋飛箭。」

「飛箭？」花至蘭擔憂的看看天空——沒錯，是飛箭，它們「咻咻咻咻」的飛過來，有

的箭還帶有火花，掉到哪裡，哪裡就起火。

更可怕是石頭。巨大的石頭聲勢驚人，它們從城外射進城內，發出砰然巨響，爆出大量的塵埃跟碎石；尖銳的碎片往四面八方散射，幸好它們大多打在城牆上，但聲音讓人恐慌。

而城裡城外傳來一陣

一陣可怕的吶喊，攻守雙方都在大叫，聲音既恐怖又緊張。街道成了河道，黃澄澄的河道上，也有很多人在呼喊，但水勢湍急，幸運的人才能抱住一棵椰棗樹。

「公主，我們快去找王后。」碧麗是功夫高手，她撿起一個被水沖下來的門板當作盾牌，保護這三

個孩子；從天空落下來的箭，全射在門板上。

劉星雨叮嚀花至蘭：「花枝丸，小心，要是被箭射中了，你就變成串燒丸子了。」口氣是譏諷，其實是關心；有好幾次花至蘭覺得自己再也跑不動了，劉星雨或推或拉，就是不讓她脫隊。

「這是什麼可怕的課程呀？可能小學有必要讓學生冒這麼大的危險嗎？」她埋怨。天空濃煙密布，她全然忘記，早先還抱怨鞭子老師不抓她，害她沒有冒險的感覺。

過了市集，他們跟著碧麗跳過最後幾個階梯，回到了空中花園的入口。

取水的奴隸跑光了，水桶無力的在水面浮浮沉沉；他們爬上花園的階梯，瀑布停了，噴泉裡的水也沒了。

王后就站在花園裡，好多樹都著火了，王后卻好像不在乎：「佳蒂，回來了？」

「王后，快走吧。」佳蒂公主拉著她，「打仗了。」

王后望著遠方的高山，淡淡的說：「能去哪裡呢？」

「我們回你的故鄉啊！」

王后淒涼的笑了笑：「傻孩子，敵人都攻到城下了，怎麼出得去呢？」

他們說話時，不斷有箭射來；幸好，箭射到這裡大多沒了後勁，碧麗輕輕一擋就把箭擋掉。

「這裡不是說話的地方，我們要找地方躲起來。」碧麗建議。

「該去哪裡呢？」花至蘭緊握著節目單，一邊研究著：

「我們在花園，遇過獅子；去過圖書館找泥板書；在戰爭之王那裡見過盾牌；四個圖案出現紅圈，只剩下老鷹，但是……」

她抬頭，天空中，沒有半隻老鷹；佳蒂公主湊過來：「這是……」

公主一看到老鷹頭的圖案，立刻有了聯想。

「這個圖案我知道，尼尼微城裡，只有一個地方有。」她大叫。

「在哪裡？」花至蘭和劉星雨同時問。

尼尼微城有十五道城門。

佳蒂卻帶他們走進王宮，那裡有一道門，通到亞述王的寢室。

王宮裡靜悄悄，亞述王和他的士兵都不見蹤影。劉星雨才靠近那道門，門上果然有一個鷹頭人身的浮雕。

「叮」，一個清脆的聲音來自耳機。

花至蘭看看手裡的節目單，果然，五個圖案全都出現紅圈。

「快，是這扇門。」劉星雨喊著，他對著門用力一推，一股極細微的電流，從他的指尖流過他的全身上下。

很熟悉的感覺——是這道門沒錯。

花至蘭跟在後頭，她一腳踩進去，細微的電流跟著觸動她全身。

她回頭，窗外的天空，被火染得通紅。

花至蘭想，如果公主跟著他們，說不定就能躲避這場戰爭。

「佳蒂公主，跟我們走。」花至蘭喊。

「等一下，我等王后跟上來。」公主說完，回頭朝來時的路跑去。

「來……來不及了……」花至蘭想回去拉她，一道黑影卻從門口竄進來。

「吼——」

吼聲讓花至蘭的腿都軟了。

這怎麼可能呢？

但是，這是可能小學的課程，既然都到亞述帝國了，再加一頭雄獅有什麼不可能呢！

劉星雨用盡全力拉著花至蘭：「快走吧！」

花至蘭只來得及看最後一眼：火紅的天空，一對緊緊擁抱的母女，一頭緊追不捨的雄獅……

獅子噴出來的氣息，腥腥的，熱熱的；花至蘭像突然醒過來似的，她邁開步伐，用最快的速度，在獅子還沒咬到她之前，奮力往前跑……

電流，閃光，溫熱空氣轉換成溼涼。

花至蘭還沒想明白，光線突然亮起來，接著有一陣熱烈的掌聲。

她納悶的抬起頭——咦，頭上有燈，是舞臺燈；地上是木質地板；她的對面有六層的看臺，每一層看臺都坐滿了人，而人們正在用力鼓掌。

「獅子，獅子！」她邊叫邊跳下舞臺。

「舞臺上哪有獅子呀？」看臺上的同學大聲的叫著。

「真的有獅子——」劉星雨說完，看了看四周，沒看見那頭獅子，倒是舞臺上出現一個男人，身材不高，留著鍋蓋般的髮型。

是鍋蓋老師。

「有一頭獅子，牠追過來了，真的……」劉星雨說得結結巴巴。

鍋蓋老師笑一笑，他把布幕拉開，後頭真的有一頭雄獅——線條粗獷，肌肉發達，那是一頭不折不扣雕在石板上的雄獅。

「你們說的是這隻石獅嗎？」鍋蓋老師的話，讓全場的同學發出一陣爆笑。

「好可怕的獅子。」

「嚇死人的獅子喔。」同學們喊著。

劉星雨變得支支吾吾：「真的，真的有一頭獅子……」

花至蘭不服氣：「我們還遇到一位亞述帝國的公主……」

「公主？公主在哪兒呀？」四周的觀眾笑著。

「佳蒂公主跟她的母親在一起。」花至蘭盯著後臺，他們跑出來的地方，現在只有一道紅色的布幕；她一轉身，鍋蓋老師正看著她，他的眼神一度變得天真無邪，就像佳蒂公……

花至蘭忍不住問：「老師，我們去亞述時，你是不是扮成公主？」

「孩子，雖然這裡是可能小學，」鍋蓋老師很認真的看著她，「但是一個大男人要變成小公主，這真的不可能！」

劉星雨補充她的話：「我們真的去了亞述的尼尼微城，巴比倫人還攻來了……」

「如果你們沒事，能不能去找個地方坐好，我們的戲還沒演完呢。」鍋蓋老師說：「而你們說的故事，最好寫下來，或許有機會放進可能圖書館裡，只要是好故事，就值得放進圖書館。」

水塔劇場的舞臺暗了，一輪紅日緩緩升起來，幾個同學扮成亞述人，他們站在臺上唱著：

肥沃的月灣
我們的家園
大河灌溉，水草豐美
流淌著牛奶與蜂蜜
卻也引來各方勢力
打不完的仗
一天又一天
打不完的仗

一年又一年

風沙捲起，又是多少年……

絕對可能會客室

肥沃月灣，一個流淌著牛奶與蜜的應許之地。然而也因為這致命的吸引力，兩河流域各個部族紛紛想要搶占此地，例如蘇美人、亞述人、巴比倫人……，因此戰爭終年不斷。今天有幸邀請一位嘉賓，將為我們透露更多關於這塊寶地的訊息。

：在可能小學裡，沒有不可能的事。

：在「絕對可能會客室」裡，遇見絕不可能遇見的人物。

：（尖叫）這不可能。

：所以才叫做絕對可能會客室啊。接下來，請各位準備好掌聲

加尖叫，讓我們歡迎來自亞述帝國的戰爭之王，經營戰爭生意的成功商人。

：哇——

：（比個「噓」）請千萬別叫太大聲，免得我的客戶跑光。

：怎麼會呢？你的客戶不是都很愛打仗，他們什麼也不怕？

：那可不一定。每一場戰爭，在形成之前，總是戰雲密布，這時需要的是情報戰、資源戰　一切都要悄悄的進行（眼睛四處瞄）。就像這裡如此安靜，如此平和，然而……別忘了，戰爭隨時都會爆發。

：戰爭之王，這裡安靜是因為這裡是攝影棚。

：但是我可以感覺到一股不安的氣息，不安的躁動，它「嗡嗡

嗡」的叫著。

：有嗎？

：（側耳聽，露出恍然大悟狀）你是說那「嗡嗡嗡」的低鳴聲？

：嗯，這個聲音彷彿是血腥殺戮的前兆。

：那是冷氣機壓縮馬達的聲音啦。你看——（拿搖控器一按，遙控器發出「嗶」的一聲）沒聲音了吧？

：（面露驚慌）那更讓人不安，太靜了。你們知道戰爭之前，戰場上就是這種氣氛。

：我的「老天鵝」呀，我們還是別討論這種氣氛。這回我和花至蘭去亞述，看見你賣那麼多的武器和裝備，可以跟大家談談你的生意嗎？

：我本來在埃及做生意，但是那裡太平和了，大家不愛打仗。兩河流域這邊的人比較熱情，喜歡打仗，我當然要在這邊做生意嘍。

：但是，哪來這麼多的仗要打？

：你想一想，肥沃月灣這麼好的地方，大家都想要，所以就輪流來搶，搶來搶去就要跟我做生意了嘛；就算國家不打仗，那些部落互相看不順眼也會打起來，再比如說你們兩個，人與人之間……

：我跟劉星雨是同學，不會打仗。

：但是你們總會有意見不同的時候，這時就要打上一架。

：我們是文明人，會溝通。

：溝通不了，就要打架了嘛。想不想買一把大刀，包你打得痛痛快快。（回頭看著花至蘭）我也有一種輕便型長槍，適合小姑娘拿。

：我們不打架。

：總會有人想跟你們打的，那時，你們就會需要我的服務。

：我告訴你吧，我們現代的世界，是個民主自由的時代，人們用投票來表決，而不是依賴拳頭與刀劍。你要是來這個時代，是做不到生意的。

：怎麼可能呢？我進來前，看到房間外頭有塊黑色的薄木板……

：那是電視機。

：不知道被誰施了魔法，有個女人一直在木板裡說話。

：女人說話？那是在播報新聞啦，世界各地發生的事，她都會告訴你。

：那個女人就說什麼北邊人在打仗，南邊有什麼大軍出動，各地都打來打去，畫面不是爆炸就是血流成河——這些瘋狂的人都是我的潛在客戶，我來到現代，會發更大的財。

：你有想過，有一天可能做不到生意嗎？

：那怎麼可能呢？

：人類的歷史這麼長，不會想要一直打架的。

：如果有和平的一天，我的刀槍放在倉庫裡生鏽、腐朽；我的炸藥放到受潮只能拿去倒掉；要是有那麼一天，我只好改行去兩河流域種甜瓜。

：那太好了。

：那太不好了，而且，絕對不可能，人類的基因就是喜歡用打仗來解決紛爭……

（一陣鈴聲響起，有人拿著電話走進攝影棚，交給戰爭之王）

：喂——開始了嗎？太好了，我立刻去。（轉向兩位主持人）不好意思，我該走了，兩河流域那邊又打起來了，我得趕著去做生意。（站起來走出攝影棚）

：戰爭之王，你別走啊……

：他真的走了。花至蘭，地球真的有可能和平嗎？

：當然有可能呀。別忘了，在可能小學裡，沒有不可能的

事——只要我們學會包容、分享與同理，國與國之間就不會有紛爭，人與人之間就不會有爭吵。

：聽起來很困難。

：我們要有信心，人類打仗打了幾千年，一定會有那麼一天，大家都想通這道理：打仗只會讓世界愈來愈糟。

：你說的有道理。我也相信會有那麼一天，讓戰爭之王做不到生意。

：然後他可以改當農夫，到處灑下和平的種子。

：絕對可能會客室，我們下回見。

絕對可能任務

設計者／天母國小教師　梁丹齡

經歷了空中花園的奇遇，目睹戰火連天的景況，花至蘭和劉星雨在這次的超時空冒險中，對兩河流域的亞述有了更多認識。

那你呢？

接下來的關卡換你接手，讓不可能的任務成為可能吧！

第1關「肥沃月灣在西亞，四大文明發源地，蘇美亞述巴比倫，千年歲月戰火傳。家園被搶誰的錯？錯在盛產奶與蜜。」肥沃月灣物產豐饒，因為有兩條重要的河川灌溉，你知道這兩條河川的名字嗎？

第2關 如果你要去參加古文明COSPLAY（角色扮演）派對，你該如何裝扮成亞述人？

第3關 每一個古文明都發展出獨特的文字系統，請把下列各文明與相呼應的文字配對。

文明古國	古文字
西亞（兩河流域）	象形文字
中國（黃河流域）	梵文
印度（印度河流域）	甲骨文
埃及（尼羅河流域）	楔形文字

第4關 甲骨文刻在龜甲上；象形文字寫在莎草紙上；請問，亞述的楔形文字大多寫在什麼物品上？

第5關 亞述人驍勇善戰，亞述國王除了喜愛戰事外，平常喜歡做什麼專屬於他的休閒運動？

第6關 「王后思鄉心鬱悶，國王為博后歡心，高臺層層滿花草，小河瀑布水潺潺，萬人澆水日與夜，僅存遺跡任憑弔」。你能說出上述描寫的是哪個偉大的奇蹟嗎？

第7關 古代兩河流域的漢摩拉比法典，被認為是世界上第一部系統性的法典。法典開頭的引言是：「讓正義

之光照耀整個大地，消滅一切罪人和惡人，使強者不能壓迫弱者。」說說看這部法典主要的兩個原則是什麼？

第8關 「亞述國王巴尼拔，熱愛閱讀傳百世；尼尼微城王宮裡，祕境深處藏萬板。」請問謎語中提到的祕境，是指何處呢？

第9關 在圖書館裡，所有的圖書都要先編目才能上架供人借閱。想想看，為什麼要這麼做呢？

第10關 西亞人都熱中打仗，所以有各式各樣鐵製武器的發明。看完書後，你能舉出兩到三種亞述人使用的武器嗎？

第11關

珊布館長說圖書館的書，不能借、不能摸、不能看，才能永遠保存。你認同珊布館長的想法嗎？請說明你的理由。

答案

1 底格里斯河和幼發拉底河

2 男性為捲髮捲鬍子，身穿及膝裙或長裙，裙子下擺有很多流蘇；女生裙子較長，身上多披一塊長布垂下來，邊緣一樣有流蘇裝飾

3
埃及（尼羅河流域）— 象形文字
印度（印度河流域）— 梵文
西亞（兩河流域）— 楔形文字
中國（黃河流域）— 甲骨文

4 刻在泥板上

5 獵獅，顯示自己的勇猛

6 亞述空中花園

7 以牙還牙，以眼還眼；盡自身所有身家，以恩報恩

8 亞述王巴尼拔的圖書館，也是世界上第一間圖書館

9 如果沒有分門別類的放在書架上，圖書量一多，就不容易找到需要的書籍

10 戰車、攻城器、盔甲、刀槍

作者的話

增進學習動機的社會課

為什麼會寫可能小學呢?很大一個原因是——不少孩子怕社會課。社會課難嗎?

打開小學社會課本,裡頭從小朋友住的社區出發,漸次認識自己的家鄉到臺灣到世界,照理講應該很有趣。

問題出在,社會課不比自然課,自然課可以帶小朋友去校園看蝴蝶,找花草,也可以動手做實驗;社會課也不比藝文課,塗塗畫畫彈彈唱唱多愉快。

社會課的困難是,講到鄭荷大戰,你沒辦法請鄭成功來到眼前;說到萬里長城、復活節島,絕大多數的孩子也沒去過。

歷史無法重來，它們也離孩子們太遠，很難感同身受。如果不幸，碰上講課喜歡天花亂墜的老師，多半的課堂時間全拿來講歷史八卦、自己的旅行趣事，稍一不慎就成了閒扯；雖然孩子聽得開心，但對社會課的理解依然似懂非懂。

如果你問我，我會說，最好的學習當然是到現場。

我去過西安，站在秦始皇陵的兵馬俑前，八千個兵馬俑氣勢磅礡，它們是我創作【可能小學系列】第一本《秦朝有個歪鼻子將軍》的起點；我也去過黃鶴樓，搭船下過長江，體會當年李白下江陵的暢快，送別孟浩然的愁緒。那回我是帶著孩子同去的，後來她讀到相關的地理、歷史時，特別有親切感，也學得特別起勁。「行萬里路勝讀萬卷書」，說的就是這個道理。

然而，大部分的孩子沒有機會去這些地方，課堂上，也不可能再重現這些歷史時代。

讓我來吧！

這套【可能小學的西洋文明任務】就像四堂有趣的社會課。它帶著孩子們穿越時空，重回那波瀾壯闊的古文明，感受時代的氛圍，踏進古人的生活，來一場想像與知識結合的大冒險。

可能是在古埃及時代在尼羅河上划船。

也可能在亞述帝國，參與了一場可怕的征戰。

穿越，能拉近孩子與古人的距離。

這可能嗎？

可能小學的校訓就是：在可能小學裡，沒有不可能的事啊。

所以，透過【可能小學的西洋文明任務】，孩子們會有一種跟著書裡角色重回古文明冒險的感受，一起與歷史人物對話，走進歷史的關鍵時刻，了解當時的時代背景，體會當地的風俗文化。

等到有一天，當社會課上到古文明時，相信很多孩子會有種「啊，這裡我來過」的驚喜感。

因為熟悉，自然覺得有趣——那種人與時代氛圍相連結的快樂，就是學習的最好動機。

有了動機，這就是學習的起點，因為孩子將這裡當作支點，進而串連起社會課程的點、線、面。那時的社會課，將不只是考試要考的科目或材料——課本搖身一變成為旅遊指南，而孩子當然就是最好的導覽解說員。

你還覺得不可能嗎？

別忘了，在可能小學裡，沒有不可能的事喔！

審訂者的話

長了翅膀的想像力

◎中興大學歷史系教授　周樑楷

搭捷運到動物園，已經讓人有數不盡的期待了。接著，還走過一條祕密通道，就可以抵達「可能小學」。這所小學的特色，就是一切充滿無限的可能。

為什麼說這所小學和其他的學校不同，處處都有各種可能呢？因為從這所動物園附近的小學，剎那間就到了古文明時代，遙遠的埃及王國和亞述帝國。到了這兩個地點以後，鍋蓋老師和劉星雨、花至蘭兩位學生，個個都像小鳥長了翅膀一樣，一下子在尼羅河的東岸，一下子又到了西岸。再說，這兩個國家存在的年代，古埃及方尖碑首度出現，距今少說有五千多年，而亞述帝國稱霸兩河流域大約在兩千六百多年前。算一算時間，兩者相差至少有兩千多年之久。主角們居然在各文明間來去自如，絲毫沒有倦容，真是如同長了翅膀一樣。

在「可能小學」裡的故事情節，就像許多「穿越時空」的小說、戲劇或電影，處處充滿可能，令人驚喜。然而，「可能小學」並非僅僅為了滿足好奇心，大家嘻嘻笑笑，快樂就好。我們不妨再追問，為什麼人們可以在剎那間飛來飛去，「穿越時空」呢？其實，這個提問可以說是個「大哉問」。這正是古埃及那座人面獅身像向世人考試的謎題。

答案就是「思想」，或者說，就是「想像力」。

想像力屬於思想的能力。打從六、七萬年前，智人演化形成現代人類後，人人先天都具有這種能力。因為想像力，人類才能創造一切，才得以和其他各種動物有別。想一想，世上哪裡有「人面獅身」這種生物呢？「空中花園」的巧思又是從哪裡來的呢？古埃及有類似象形的文字，兩河流域有刻在泥板上的楔形文字，它們到底怎樣被創造出的？說穿了，這一切都和人們的想像力有關。

有了想像力，人們就像長了翅膀一樣，可以穿越時空，更可以創造文化和文明。

「可能小學」是一個提供想像力和自由開展的空間。然而，「可能小學」也注意到，從想像力的發現到創造力的落實之間，還需要添加一點理性，有憑有據的，以事實為依據，否則就變成幻想泡影。因此，在「可能小學」裡也公布了「超時空翻譯機」的貼文。這些短篇文章，就是一般人所說的「歷史」。

你可能不知道，一流的歷史學家除了想像力，也需要實事求是的功夫。就在亞述帝國和新巴比倫帝國結束以後，波斯帝國成為兩河流域新興崛起的霸權。大約西元前五世紀的時候，在今日土耳其地區，有位希臘人名叫希羅多德；他曾經親自走訪尼羅河及兩河流域，以類似田野調查的方式，「探索」古埃及、兩河流域的歷史，同時也描寫波斯帝國和希臘城邦發生戰爭的種種經過。希羅多德首先以「探索」稱呼自己的工作；而「探索」的古希臘文就是後來西方語文中「歷史」這個名詞的來源。也因此，希羅多德日後被尊稱為「歷史之父」。

「可能小學」希望每位學生都可以開展雙翼，運用想像力，自由飛翔。只要多下點探索的功夫，實踐創造力，人人都可以是「實事求是」的史家！

可能小學的西洋文明任務 —— 2

亞述空中花園奇遇記

作　　者｜王文華
繪　　者｜貓魚

責任編輯｜許嘉諾
美術設計｜也是文創有限公司
行銷企劃｜葉怡伶

天下雜誌群創辦人｜殷允芃
董事長兼執行長｜何琦瑜
媒體暨產品事業群
總經理｜游玉雪
副總經理｜林彥傑
總編輯｜林欣靜
行銷總監｜林育菁
副總監｜李幼婷
版權主任｜何晨瑋、黃微真

出版者｜親子天下股份有限公司
地址｜台北市 104 建國北路一段 96 號 4 樓
電話｜（02）2509-2800　傳真｜（02）2509-2462
網址｜ www.parenting.com.tw
讀者服務專線｜（02）2662-0332　週一～週五：09:00~17:30
讀者服務傳真｜（02）2662-6048
客服信箱｜ parenting@cw.com.tw
法律顧問｜台英國際商務法律事務所 · 羅明通律師
製版印刷｜中原造像股份有限公司
總經銷｜大和圖書有限公司　電話：（02）8990-2588

出版日期｜ 2017 年 6 月第一版第一次印行
2024 年 6 月第一版第十二次印行
定　　價｜280 元
書　　號｜BKKCE018P
ISBN｜978-986-94844-3-5（平裝）

訂購服務

親子天下 Shopping ｜ shopping.parenting.com.tw
海外 · 大量訂購｜ parenting@cw.com.tw
書香花園｜台北市建國北路二段 6 巷 11 號電話（02）2506-1635
劃撥帳號｜ 50331356 親子天下股份有限公司

立即購買 >

國家圖書館出版品預行編目資料

可能小學的西洋文明任務 . 2, 亞述空中花園奇遇記 / 王文華文 ; 貓魚圖 . -- 第一版 . -- 臺北市 : 親子天下, 2017.06
168 面 ; 17x22 公分
ISBN 978-986-94844-3-5(平裝)
1. 文明史 2. 世界史 3. 亞述文化 4. 通俗作品
713　　106007677